Andreas Steffens

—

Farbgedacht

Andreas Steffens – Philosoph und Schriftsteller; geboren 1957 in Wuppertal; Grenzgänger zwischen Philosophie, Literatur und Bildender Kunst; 1989 Promotion an der Heine-Universität Düsseldorf; Habilitation 1995 an der GhK Kassel; bis 2005 Privatdozent für Philosophische Anthropologie und Ästhetik; seitdem freier Autor; 1990 bis 2002 Wohnsitz in Paris.

Bücher (Auswahl): *Das Innenleben der Geschichte* (1984); *Poetik der Welt* (1995); *Philosophie des 20. Jahrhunderts oder Die Wiederkehr des Menschen* (1999); *Ontoanthropologie. Vom Unverfügbaren und seinen Spuren* (2010); *Selbst-Bildung. Die Perspektive der Anthropoästhetik* (2010); *Die Narbe oder Vom Unerträglichen. Versuch über Unglück* (2017).
Zahlreiche Essays, Vorträge und Reden über Literatur und Bildende Kunst.

2016–2022 Redakteur der Zeitschrift für Literatur KARUSSELL.

Literarisch hervorgetreten als Aphoristiker: *Petits Fours* (2009), *Aufgehoben* (2021).

Zuletzt erschienen: *Das Wesen, das nicht eines ist. Anthropologie der Verwandlung* (2020); *Auf Umwegen. Nach Hans Blumenberg denken* (2021).

Bei Königshausen & Neumann: *Aufgehoben. Aphorismen 2010–2020*, hg, und mit einem Nachwort von Friedemann Spicker (2021); *Das Verhängnis Identität oder Der Zwang, etwas zu sein.* (2022). *Materien des Denkens. Nach Beuys* (2023).

Andreas Steffens

Farbgedacht

Der Maler Frank Hinrichs

Königshausen & Neumann

Umschlagabbildung:

Frank Hinrichs
„Skriptur XXXVI“
Mischtechnik auf Aluminium, 2023, 210 x 160 cm

Bibliografische Information der Deutschen Nationalbibliothek

Die Deutsche Nationalbibliothek verzeichnet diese Publikation in der Deutschen Nationalbibliografie; detaillierte bibliografische Daten sind im Internet über http://dnb.d-nb.de abrufbar.

Gedruckt auf säurefreiem, alterungsbeständigem Papier
Umschlag: skh-softics / coverart

Printed in Germany

ISBN 978-3-8260-8569-7
eISBN 978-3-8260-8570-3

www.koenigshausen-neumann.de
www.ebook.de
www.buchhandel.de
www.buchkatalog.de

Philosophieren können sie alle, sehen keiner.
Georg Christoph Lichtenberg

Die Künste beruhen auf dem Unbekannten des Denkens –
auf seinen Koinzidenzen, wofern sie Wundern gleichen,
seiner Schärfe, wenn sie einmalig, seiner Fortentwicklung,
wenn sie überraschend und einfach ist.
Paul Valéry

Malen ist Auftauchen in einem anderen Ort.
Franz Marc

gedankenfarben und wild
überwuchert von Worten.
Paul Celan

J'ai deux amours, die mir zu schaffen machen,
die Erkenntnis und die Phantasie, während die eine
eher ortsfest ist, ist die andere flügge,
oft halten mich die Fallstricke
der einen irgendwo fest, die Rettung wäre,
die Argumente in den Wind zu schlagen,
um neues Land auszukundschaften,
mit Hilfe der Phantasie das Wissen umzukrempeln,
zumindest seinen Radius zu erweitern, mit den Trieben
wieder grün werden, so sitze ich denn zwischen den Stühlen,
(...), so tanze ich denn auf zwei Hochzeiten,
der des Lichts und der des Traums.
Cyrus Atabay

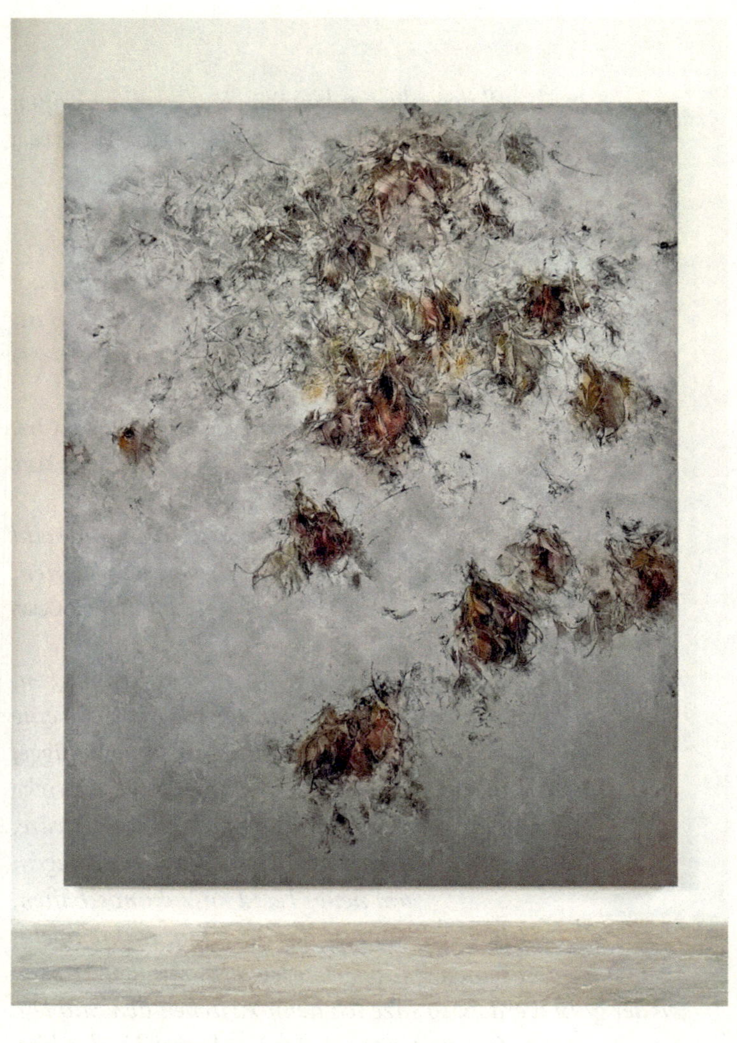

1 »Skriptur XXXVI«

Inhalt

Vorweg

Die Malerei denkt.

Georges Didi-Hubermann
Die leibhaftige Malerei

Gute Malerei ist nur die, die gut gedacht ist.

Max Liebermann
Die Phantasie in der Malerei

Dass der deutsche Impressionist seine Überzeugung so kategorisch ausspricht, ist nicht überraschend, war der Impressionismus doch die erste ›wissenschaftliche‹ Kunst, deren Verfahren auf der Theorie des Sehens beruht (vgl. Fiedler, *Schriften*), indem er statt des Gesehenen die Eindrücke dessen, der sieht, als Farbformierungen gestaltete. Umso erstaunlicher muss es sein, wie wenig sie zum Verständnis der Kunst der Moderne beitrug.

Im Juli 1986 besucht der Schriftsteller Charles Juliet den Maler Pierre Soulages. Unter den Eigenschaften, die ihm an diesem auffallen, beeindruckt ihn ganz besonders eine ungewöhnliche Kraft des Denkens. Man merke, dass er viel und tief nachgedacht und die Probleme, mit denen sein Metier ihn konfrontiere, bis in ihre letzten Weiterungen hinein ergründet habe, schreibt er vier Jahre später im Vorwort zur Veröffentlichung ihres Gesprächs. Was, mehr noch wie, Soulages äußerte, sieht er das Cartesische Ideal philosophischer Aussagen erfüllen: *Ses idées sont claires, logiques, cohérentes*. Ein Urteil über diesen Maler oder jenes Werk sei immer *sûr, précis, fondé, et ne laisse aucun doute sur la hauteur du point de vue* (Juliet, »Entretien«, 10. – *Seine Ideen sind klar, logisch, schlüssig (...) sicher, genau, begründet, und lassen keinen Zweifel am hohen Anspruch seiner Sichtweise*). Die Beeindruckung des Besuchers beruht unverkennbar auf seiner Überraschung, bei dem Maler derart ausgeprägt und selbstverständlich zu finden, was sonst nur bei einem Philosophen zu erwarten wäre.

Mehr noch als über Soulages, sagt dieses Erstaunen seines Gastes über die geringen intellektuellen Erwartungen, die selbst ein Intellektueller glaubt, gegenüber einem Künstler hegen zu sollen. Beim Bedenken der Kunst wird zu wenig bedacht, dass Kunst gedacht wird. Es ist so selbstverständlich nicht selbstverständlich, auf einen denkenden Maler zu treffen, dass der Befund so sehr verwundert, ihn als eine persönliche Auszeichnung hervorzuheben.

Daran hat die Allgegenwart eines Geredes, das sich im überbordenden Kunstbetrieb intellektuell gibt, ohne es zu sein, zu dem beizutragen die Künstler selbst sich oft mehr zum Schaden als zum Nutzen ihrer Wahrnehmung angewöhnt haben, gerade so viel geändert, dass die gewöhnliche Gedankenlosigkeit der künstlerischen Massenproduktion hinter dem Eindruck einer beteiligten Intellektualität verschwindet. So dass es hervorzuheben bleibt, wenn doch einmal auftritt, was nach den Erfahrungen der Moderne das Selbstverständliche sein müsste.

Was heute wieder Staunen machend außergewöhnlich ist, war für viele ihrer maßgebenden Bildkünstler so unentbehrlich, dass sie ihr bildnerisches Werk mit Schriften begleiteten, in denen sie aussprachen, welches Denken es prägte, wie René Magritte, Max Ernst, Jean Dubuffet, Ronald B. Kitaj, oder es wie Francis Bacon in dokumentierten Gesprächen offenlegten. Womit sie bekundeten, wie sehr die Moderne auch eine Spätwirkung der Renaissance war, die die Verbindung von Denken und Bilden mit Leonardo stiftete, dessen schriftliches Werk sein malerisches an Umfang so sehr übertrifft, dass es scheinen könnte, als hätte ein Übermaß an Reflexion seine bildnerische Produktion behindert, wäre da nicht der gewaltige Korpus seiner Zeichnungen, in denen sein Denken sich unmittelbar in Bildern manifestiert. So sehr, dass Paul Valéry, der wie wenige über das Denken nachdachte, und in der Zeichnung dessen direktesten Ausdruck sah (vgl. Steffens, »Handgedacht«), seine Ästhetik aus der Vorstellung ableitete, die er sich von Leonardo machte.

Max Ernst wollte Philosoph werden, Hans Jonas Maler. Ernst studierte fünf Jahre Philosophie an der Universität Bonn, Jonas nahm als Jugendlicher privaten Malunterricht. Ernst wurde Maler, Jonas Philosoph. Für beide aber blieb das zunächst erstrebte Metier dafür, wie sie ihr schließlich gewähltes ausübten, wesentlich. Während für den Surrealisten Ernst die Reflexion werkbestimmend wurde, und er seine Bildvisionen mit Schriften begleitete, die deren Ideen literarisch artikulierten, gründet Jonas seine existentialistische Anthropologie auf eine Ästhetik des in seinen frühen Malversuchen intensiv trainierten Sehens, die die Fähigkeit, das Gesehene zu bilden, ins Zentrum der Wesensbestimmung des Menschen setzt. In ihr sieht er *das* Merkmal, das den Menschen von allen anderen Lebewesen unterscheidet. Der Bildkünstler ist exemplarisch, was Menschsein ausmacht.

Weshalb es zum Selbstverständnis von Bildkünstlern gehört, danach zu fragen, was der Mensch sei, was eine unter dem Eindruck einer unmenschlichen Geschichte zunehmend verzagte Philosophie sich versagt. Die Antwort, die Mark Tobey mit seinem Werk sinnfällig zu machen überzeugt war, fiel zwar weniger intellektuell als spirituell aus, lässt sich aber nicht nur als Resonanz fernöstlicher Mystik, sondern auch durch Bezug auf Heideggers Denken verstehen (Stadler, *Mein Leben mit Mark*, 6ff.; 45ff., passim).

Wenn Christopher Rothko feststellt, sein Vater sei als Philosoph zum Künstler geworden – *He was the philosopher who happened to paint* –, ist das nicht nur eine Pathosformel der Bewunderung, die der Sohn für das Werk des Vaters hegt (Christoper Rothko, *Mark Rothko*, 280). Die späte Veröffentlichung der zufällig wiederentdeckten Abhandlung, die Mark Rothko zur ideellen Vergewisserung seines Künstlertums verfasste, zeigt einen Maler, der Kunst nicht um der Kunst willen betreibt, sondern um sein Denken zu realisieren, das er in geistesgeschichtlicher Fundierung ebenso wie in kritischer Auseinandersetzung mit der Kunst seiner Zeit zu verankern sucht. Er denkt weniger über seine Malerei nach, als er sein Denken malt.

Derart motiviert, kreisen seine Überlegungen um die Übereinstimmung von Philosophie und Kunst. *Die Philosophie hält ihrer Zeit genau wie die Kunst den Spiegel vor. Denn jede Zeit ist nur im Besitz einer Teilwahrheit. Und so ist es die Aufgabe des Philosophen und des Künstlers, in all diesen konkreten Umständen immer wieder das Überzeitliche sichtbar zu machen* (Mark Rothko, *Wirklichkeit des Künstlers*, 75). Jenseits der Verschiedenheit ihrer Mittel, eint sie die Aufgabe, ihrer Zeit ihre Wirklichkeit zu vermitteln. *Sie müssen alle – subjektiven wie objektiven – bewusstseinsfähigen Faktoren in sich begreifen. Anders ausgedrückt: Sie müssen die Relevanz allen Wissens, jedweder Intuition und Erfahrung und aller anderen ›Dinge‹ aufzeigen, die zu einem gegebenen Zeitpunkt als Realität gelten* (a.a.O., 78).

Dabei setzt der Künstler auf die Sinnlichkeit, *jene Instanz, die uns sagt, was für uns wirklich ist.* Seine Werke *müssen jene taktilen Erfahrungen in uns ansprechen, die uns Aufschluss über die Textur der Ideen oder Substanzen geben* (a.a.O., 79), die der Philosoph in abstrakter Allgemeinheit ausspricht, während *es sich bei einem Gemälde um die mit Hilfe der plastischen Elemente realisierte Verbildlichung der Wirklichkeitsdeutung des betreffenden Künstlers handelt. In einem solchen plastischen ›Gebilde‹ sind alle zeitlichen Phänomene in einen taktilen Kontext überführt, so dass die subjektive und die objektive Wirklichkeit in der Erfahrung des Betrachters konvergieren* (a.a.O., 80).

Mit dem Zerfall der Welt in die Objektivität des Wissens und die Subjektivität der Erfahrung, die der Rationalismus der Neuzeit mit dem paradoxen Effekt bewirkte, den absoluten Idealismus wiederherzustellen, *der die Welt im Sinne Platos in ewige Ideen und die Vielfalt der Erscheinungen aufspaltet* (a.a.O., 84), sieht Rothko die ursprüngliche Einheit von Philosophie und Kunst verlorengehen, die darauf beruhte, dass die ersten antiken Philosophen Dichter waren, *Poeten, die die Totalität dessen, was als Realität galt, in ihren – dichterischer Inspiration entsprungenen – Mythen versinnbildlichten* (a.a.O., 81).

Auf die Seite der Objektivität des Wissens gewechselt, fällt von der Philosophie an die Kunst, was jene einst leistete, als sie Mythos war, die Veranschaulichung der Welt als Realisierung der Ideen. *Einen Eindruck von dem heute vorherrschenden Verständnis der Wirklichkeit kann deshalb nur eine Kunst vermitteln, die das Prinzip der platonischen Ideen exemplarisch darzustellen vermag* (a.a.O., 84). Der Künstler hat seiner Kunst nun philosophisch selbst zu verschaffen, worauf die Philosophie unter der Herrschaft des Rationalismus in der Zivilisation der wissenschaftlichen Weltgestaltung zunehmend verzichtet.

Diese persönliche Ästhetik bezeugt ungeachtet ihrer Schwächen und geistesgeschichtlichen Verwegenheiten, wie unentbehrlich Philosophie als grundsätzliches Denken für ein Künstlertum sein muss, das sein Genüge nicht am ökonomischen Gesellschaftsspiel Kunst findet, sondern eine Lebensform darstellt, deren Einsatz die Existenz des Künstlers ist, die nicht nur Teil der Daseinswirklichkeiten sein will, sondern auch der Bemühungen, diese zu verstehen.

Unter dem Horizont der doppelten Ungewissheit des Menschseins wie der Welt, in der es existiert, wird Bildkunst zu einer ideellen Arbeit an einer trotzdem möglichen Selbst- und Weltvergewisserung. Zum Leben nicht weniger notwendig als die Erfüllung der körperlichen Bedürfnisse, die es erhalten.

So wenig Frank Hinrichs' Malerei sich auf die Werke der Künstler, die dem darin liegenden Anspruch folgten, bezieht, so sehr ist er, was sie waren, ein denkender Künstler. Seine Bilder sind nicht nur gedacht; sie sind gemaltes Denken. Soweit die Kunst der Moderne ›Gedankenkunst‹ ist (Gehlen, *Zeit-Bilder*), gehört seine Malerei zu deren Fortwirkungen, ohne sich jedoch ihren Dogmen zu unterwerfen. Ihre individuelle Gedanklichkeit bewährt eine Modernität ohne Modernismus.

In einer Zeit, die Intelligenz durch ebenso bedenkenlose wie flüchtige Wahrnehmung immer mehr ersetzt, bedarf ein solcher Künstler des Beistands. Was ihn auszeichnet, macht ihn zum Außenseiter.

Es gibt für Künstler kein Publikum, es gibt für den Künstler nur Komplizen. Seit Hans Platschek als ihr intelligentester Kritiker und treffendster Polemiker seiner Zeit diesen Befund als Maxime formulierte (*Fragezeichen*, 191), haben sie nicht nur ein Publikum bekommen, sondern nahm dieses so sehr zu, dass Künstler mehr denn je Komplizen brauchen, weil es sich immer weniger für das interessiert, was sie bewegt, von denen es unterhalten, aber nicht ›belehrt‹ werden will.

Das komplizenhafte Denken, das der Kunst folgt, ist ein anderes als das, aus dem sie entsteht. Und doch sind beide auf dasselbe gerichtet. Und in diesem Fall gegenseitigen Austauschs zwischen Philosoph und Maler aufeinander bezogen.

Dem liegt *ein höheres Bestreben* zugrunde, eines, *wovon jeder träumt* – nämlich jeder, der nicht nur wahrnehmen, sondern auch verstehen will, was er wahrnimmt –: *einer*

Sache näherzukommen, die ein den Wörtern, den Linien und der Farbe, sogar den Tönen gemeinsamer Fundus ist. Über die Malerei schreiben, über die Musik schreiben, enthält stets dieses Bestreben (Deleuze, »Die Malerei entflammt das Schreiben«, 177). Wie es umgekehrt ein Malen motiviert, das sich vom Anteil des Denkens an ihm leiten lässt.

Beide Linien des ästhetischen Denkens berühren sich nur noch selten. Schnittstellen aufzusuchen und herzustellen, ist eine der wesentlichen Aufgaben einer *Anthropoästhetik*. Sie liegt umso näher, als deren Konzept (Steffens, *Selbst-Bildung*, 44–55; Steffens, *Poetik der Welt*) eine der Konsequenzen daraus zieht, dass das Nachdenken selbst eine Kunst ist, und Philosophie – auch – eine Gattung der Literatur.

Aus dieser Perspektive einer anthropologischen Ästhetik konzipiert, sind die hier zusammengestellten Überlegungen der Versuch einer philosophischen Komplizenschaft, gedacht, das Hervortreten der Malerei Frank Hinrichs' aus der lange gehüteten Verborgenheit ihrer Entstehung zu begleiten.

Sein Werk ist bedeutend nicht nur aufgrund seiner Originalität, der Ernsthaftigkeit und des Lebenseinsatzes seiner Entstehung; es ist vor allem eminent zeitgemäß, indem es seiner Zeit nicht entspricht. Es manifestiert, dessen das Überleben der Kunst bedarf: Widerstand gegen das Verschwinden des Denkens aus ihr (vgl. Steffens, *Materien des Denkens*, Schluss).

Das Buch ist weniger als eine Monografie, und mehr: weniger, weil es nicht auf alle Etappen eines nun dreißigjährigen, ebenso stetigen wie intensiven Werkprozesses eingeht; mehr, weil es die ihn antreibenden wesentlichen Motive erkundet. Es versammelt die im Austausch entstandenen Texte gegenseitiger Resonanz als nachdenkende Begleitung des Werkprozesses in Erörterung seiner gedanklichen Substanzen. Um dem Gemeinsamen in Schrift und Bild als Manifestationen des Menschlichen näher zu kommen.

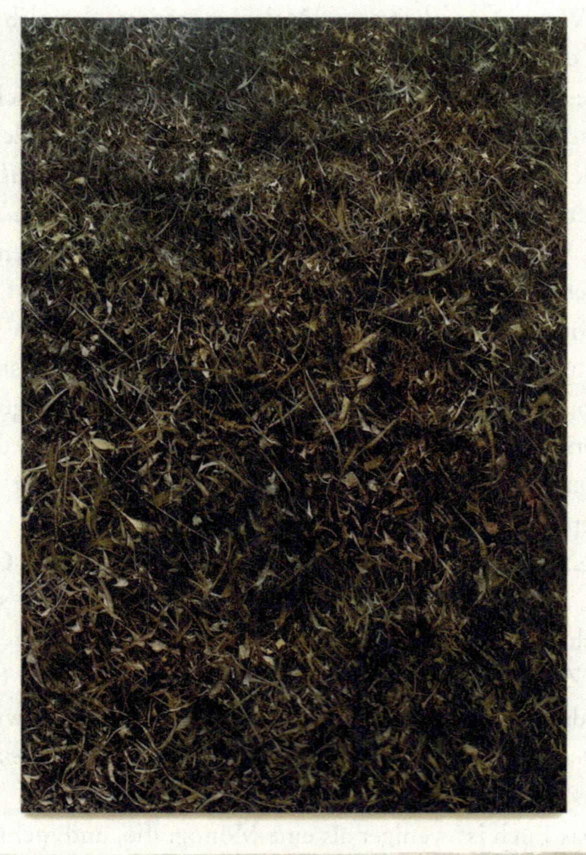

2 »Wegmarken«

I
Heterotopie des Gedankens

FLÜGELNACHT

Flügelnacht, weither gekommen und nun
für immer gespannt
über Kreide und Kalk.
Kiesel, abgrundhin rollend.
Schnee. Und mehr noch des Weißen.

Unsichtbar,
was braun schien,
gedankenfarben und wild
überwuchert von Worten.

Kalk ist und Kreide.
Und Kiesel.
Schnee. Und mehr noch des Weißen.

Du, du selbst:
in das fremde
Auge gebettet, das dies
Überblickt.

Paul Celan »Von Schwelle zu Schwelle«

Im Jahr 1950 war Johann Sebastian Bach zu feiern. Unter den Reden, die zu seinem 200. Todestag gehalten wurden, muss die des damals umstrittensten deutschen Komponisten eine der bemerkenswerteren gewesen sein. Noch heute ist sie bedenkenswert. Was Paul Hindemith am 12. September in Hamburg vortrug, überrascht mit einem Vorgriff in eine erst zwanzig Jahre später geöffnete ästhetische Dimension, die über das Musikalische weit hinausreicht.

Bachs Erbe *übermusikalischer Art* zu bezeichnen suchend (Hindemith, *Bach*, 24), findet er zu einer ersten Beschreibung dessen, was eine Generation später ›Konzeptkunst‹ sein wird: eines sich im reinen Gedanken vollendenden Künstlertums ohne Werk.

Der Zweck der Arbeit, die Richtung ihres Wirkens, die Marke, die sie anderen aufprägt – das alles ist jetzt Zutat geworden, es ist dem schöpferischen Tun nur noch umgehängt. Dieses Tun selbst ist so unabhängig von alldem geworden wie die Sonne von dem Leben, das ihre Strahlen hervorbringen. So unabhängig, daß es zuletzt nicht einmal mehr der Darstellung im Kunstwerk bedarf, um dazusein. Es ist Gedanke geworden, ist entkleidet aller Zufälle und Gebrechen der Gestaltwerdung, und der so hoch Gestiegene ist nach der Überwindung des Materiellen zum Gedanken allein vorgedrungen. Der Preis dafür erscheint hoch: die Melancholie, die Trauer, alle früheren Unvollkommenheiten verloren zu haben und mit ihnen die Möglichkeit weiteren Voranschreitens (a.a.O., 36; 37). Wie könnte es anders auch sein: In der Vollendung wartet das Ende. Über sie hinaus ist nichts weder möglich, noch nötig.

In der reinen Gedanklichkeit als letzter Vollendung des Künstlers, der alles erreichte, was ihm möglich war, so dass es der Ausführung im Material seines Metiers nicht mehr bedarf, sah Hindemith die Erklärung für den erstaunlichen Umstand, dass Bach, der zeitlebens überproduktiv war, in seinem letzten Lebensjahrzehnt fast nichts mehr komponierte, das wenige, was er noch zu Papier brachte, aber von allerhöchster Qualität war. Was als Erschöpfung wirken könnte, erweist sich ihm als äußerste Verdichtung, als Summe eines Lebens, die des materiellen Spiegels in der Werkschöpfung tendenziell nicht mehr bedarf, sondern sich zuletzt mit der Skizze begnügen kann, die entwirft, was es geben könnte, aber nicht mehr ausgeführt werden muss, weil es im Denken schon ganz ›da‹ ist.

Mit den geläufigen Klischees spielend, kennzeichnet Hindemith die Melancholie Bachs, in der er den Preis für diese Vollkommenheit sieht, als *eine Melancholie des Vermögens*, im Gegensatz zu einer *des Unvermögens*, die unverständige Zeitgenossen Brahms zuschrieben.

Dieser hatte in einem Brief vom Juni 1877 an Clara Schumann den Gedanken von der Gedankenkunst Bachs zuerst formuliert, den Hindemith zuspitzt. Dort bekundet er der Freundin seine ungläubige Bewunderung der »Chaconne« für Solo-Violine. Sie *ist mir eines der wunderbarsten, unbegreiflichsten Musikstücke. Auf einem System, für ein kleines Instrument, schreibt der Mann eine ganze Welt von tiefsten Gedanken und gewaltigsten Empfindungen. Wollte ich mir vorstellen, ich hätte das Stück machen, empfangen können, ich weiß sicher, die übergroße Aufregung und Erschütterung hätte mich verrückt gemacht. Hat man nun keinen größten Geiger bei sich, so ist es wohl der schönste Genuß, sie sich einfach im Geist tönen zu lassen* (Bach, *Leben*, ed. Reich, 275).

Oder sie im Druck zu lesen. Im Faksimile der Handschrift (Bach, *Sonaten und Partiten*, Edition Haußwald) verstärkt sich der Eindruck des Mirakulösen um einen weiteren Aspekt: ohne dass eine einzige Note erklingen muss, ist sie als ein *grafisches* Meisterwerk von großer Schönheit wahrnehmbar, dessen Formstrenge wie ein Maßstab jener Schrift-Gedanken-Kunst einer ›conceptual art‹ wirkt, die dabei war zu entstehen, als Hindemith Bachs Vollkommenheit zu ergründen suchte, und den Gedanken der reinen Gedankenkunst fand.

Dass deren äußerste Konsequenz noch nicht im Verzicht auf das ›Werk‹, sondern erst in dessen Zurücknahme erreicht wird, offenbart Bachs Handschrift des Menuetts der 3. Partita für Solo-Violine.

Das letzte Notenblatt enthält anderthalb Zeilen einer begonnenen Fortsetzung, die jedoch durchgestrichen und vom

Papier wieder abzukratzen begonnen wurden, ohne ganz getilgt zu werden. Ihre Spuren lassen in gerade eben erhaltener Lesbarkeit ahnen, was notiert war, aber nicht fortgesetzt werden sollte – der vollendende Schluss des Werkes ist seine Aufhebung im unterlassenen Abschluss.

Aber was nicht mehr erklingen kann, weil es nicht mehr notiert wurde, ist nicht inexistent: die rudimentäre Spur der getilgten Notation belegt, dass es *gedacht* wurde. Dann muss es auch eine Kunst geben, die sich nur noch *im* Gedanken ereignet, ohne eine einzige Spur zu bilden. Sie ist die letzte Vollendung des ›absoluten‹ Werkes, dessen Konzeption in der Musik gefasst wurde, lange bevor sie zum Fluchtpunkt von Malerei und bildender Kunst überhaupt wurde (Dahlhaus, *Absolute Musik*).

Es ist diese Radikalität des ›nur‹ gedachten Werkes, das in seiner Konzeption im selben Moment erscheint und vergeht, die die Aufmerksamkeit zwingend auf die Gedanklichkeit jeder künstlerischen Formung lenkt. Wie das konzeptuelle Un-Werk den Gedanken seiner möglichen Existenz birgt, so jedes materialisierte Werk die Gedanken, die es weckten und die seine Verfertigung begleiteten.

Für die anthropoästhetische Nachdenklichkeit bedeutet dies, sich darauf gefasst zu machen, die Gedanken, die genauer sehen lassen werden, was sich ihr in den ästhetischen Gebilden an Bedeutung darbietet, inmitten der Materie zu finden und zu erschließen, die sie verstehen will: es sind die Gedanken *in* der Malerei, die ihr Bedenken zu ergründen hat. Der Gedanke, der verstehen will, ist angewiesen auf den Gedanken, der hat entstehen lassen.

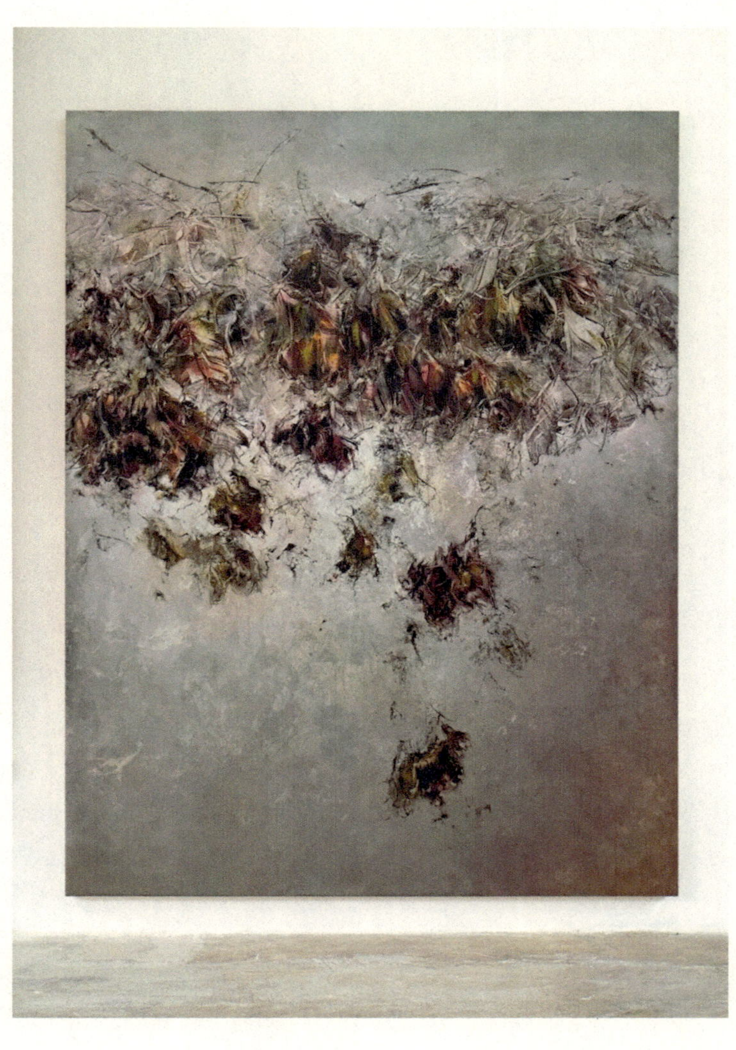

3 »Skriptur XXXV«

II

›*Deutungskunst*‹

Philosoph(ie) und Maler(ei)
Eine andere Beziehung

Wenn ich vor einem Bild stehe, spricht es besser als ich.
Jules Renard, *Tagebuch*, 8. Januar 1908

Kann ein Philosoph diesen Satz gelten lassen?

Unter der einen Bedingung: dass er sich bemüht, mit den Mitteln seines eigenen Metiers auszusprechen, was die Bilder *ihm* sagen.

Denn sie sind ihm immer voraus. Das beständige Elend des Diskurses ist seine Verspätung gegenüber den Phänomenen. Während er sie noch zu erschließen bemüht ist, haben sie sich bereits verändert und sind durch andere abgelöst worden.

Meine theoretische Anstrengung wird nichtig, und das Bild lacht über mich. Meinem Diskurs lange voraus existieren bereits geformte kulturelle Produktionen. Er ist nur noch ein Einholen. (...). Mein Unternehmen ist wie alle Philosophie heute nur eine Regression. Die ganze Methode liegt im Bild: die linearen Sätze und die Beziehung von einem zu einem, die Tabulierung der gekreuzten Serien, das Schema der Isomorphien. Das Theoretische ist im Kulturellen. Und das Abstrakte im Figürlichen. Das gilt für alle Erzählungen des Referenzkorpus. Mein Text ruht in den Formen und unter den Farben, arm und nackt gegen sie (Serres, *Carpaccio*, 134).

Deshalb teilt der Philosoph die Sehnsucht des Wortkünstlers, zu dem er sich mit jeder Reflexion, die sich ihm auferlegt, immer wieder aufs Neue selbst machen muss.

Rose Ausländer fasste sie in eines ihrer späten Gedichte.

Gib mir
den Blick
auf das Bild
unserer Zeit

Gib mir
Worte
es nachzubilden

Worte
stark
wie der Atem
der Erde

(Ausländer, »Gib mir«, 41).

Nicht erst als Gegenstand, als der es in der Welt ist, sobald seine Herstellung abgeschlossen ist, sondern vom Moment seiner Konzeption an, der seine Herstellung in Gang setzt, besitzt das Bild ontische Bedeutung. Mehr noch als seine künftige Anwesenheit in der Welt ist für diese und deren Verständnis das auslösende Geschehen entscheidend, das zu seiner Herstellung führt. Jeder einzelne Impuls, ein Bild zu machen, ist bereits vor seiner Ausführung ein Kommentar der Welt, der ihr, wenn nicht ihre Unvollkommenheit, jedenfalls das Bedürfnis nach Erweiterung ihres unvollkommenen Verständnisses vorhält.

Wie es sinnvoll bereits ist, bevor es gemacht wurde, so entfaltet das Bild seinen Sinn als Ergreifung eines Gedankens, eines Kommentars zur Wirklichkeit, einer Erkenntnis erst ganz in dem Maß, in dem seine Existenz in andere Prozesse der Sinnergreifung übergeht. Mark Rothko hat es ausgesprochen. *Ein gemaltes Bild lebt durch die Gesellschaft, in der es sich befindet, es wächst und lebt durch die Blicke des empfindsamen Betrachters, und es stirbt auf dieselbe Weise* (zit. n. Butor, »Rothko«, 102).

Das Scharnier zwischen beiden Ereignissen birgt die Analogie der Schöpfung. *Ebensowenig wie man den physischen Zeugungsprozeß je ergründen wird, ebenso wenig wird der Schleier vor dem künstlerischen Zeugungsprozeß je fallen* (Liebermann, *Phantasie*, XI). Als Materialisierung der Fantasie ist der künstlerische Prozess, an dessen Ende ein Gemälde entstanden sein wird, ein ontologischer Akt der Verwirklichung einer Möglichkeit in der Welt. *Daher bedeutet idealistische Malerei im Gegensatze zur naturalistischen Malerei nur die verschiedene Auffassung der Natur, aber keinen Qualitätsunterschied: die Qualität beruht einzig und allein in der größeren oder geringeren Kraft der Phantasie des Malers, mag er nun wie Raphael eine Madonna oder wie Rembrandt einen geschlachteten Ochsen malen* (Liebermann, a.a.O., X).

Die Parallelisierung der biologischen mit der künstlerischen Zeugung löst diese aus ihrer klassischen Teilhabe am Schöpfungsrätsel des Seins ebenso, wie dessen Analogisierung zu einer verständlichen menschlichen Leistung seine Unverständlichkeit zur Verträglichkeit mildert. Die ontische Leistung des Künstlers in der Herstellung seines materiellen Werkes macht die Unbegreifbarkeit des Seins gleichgültig. Wie immer die Seinswerdung der Welt, deren Erfahrung Kunst hervorbringt, sich vollzogen haben mag – die menschliche Leistung des Kunstwerkes macht die Welt menschlich, indem sie ihre Unbegreiflichkeiten distanziert. Die Kunst hat am Ursprung dessen Teil, was Welt für den Menschen sein kann, nicht an deren eigenem.

Seitdem die Wahrnehmung der Kunst von der Kenntnis ihrer Geschichte bestimmt wird, entsteht Kunst aus Kunst. Das ist nicht auf die Gestalt einer Kunst über Kunst beschränkt, wie Paul Wunderlich sie – vor und abseits einer die Geschichte als motivischen Kostümfundus plündernden postmodernen ›Transavantgarde‹ (vgl. Steffens, »Virtuosenspiel«) – in subtilster ästhetischer Reflexion in seinen Bildern über Bilder Manets übte.

Was die Philosophie auszusprechen vor sich sieht, als immanente Sprache des Bildes in diesem ausfindig zu machen, ist die Aufgabe einer Ästhetik, der es nicht um das Verständnis der Kunst, sondern um das des Menschen geht, der sie macht, weil er ihrer bedarf, und sich in ihr wiederentdeckt, weil er sich von ihr verstanden findet.

Diese Perspektive ihres Verständnisses ist in der Selbstwahrnehmung der Malerei des Impressionismus bereits so angelegt gewesen, wie er die Geschichte der neueren Malerei in ihren Möglichkeiten präjudizierte. Die bildnerische Sehnsucht der Moderne war die ›reine‹ Malerei. Die Potentiale und Konsequenzen des Impressionismus ausarbeitend, führte ihr Weg vom reinen Blick des ›Realisierens‹ bis zur ›radikalen‹ Farbigkeit, in der das Mittel der reinen Abstraktion in Geste und Farbmaterialität absolut wird.

Die Phantasie in der bildenden Kunst geht von rein sinnlichen Voraussetzungen aus. Sie ist die Vorstellung der ideellen Form für die reelle Erscheinung. Sie ist das notwendige Kriterium für jedes Werk der bildenden Kunst, für das idealistischste wie für das naturalistischste (Liebermann, *Phantasie*, 4). *Der spezifisch malerische Gehalt eines Bildes ist um so größer, je geringer das Interesse an seinem Gegenstande selbst ist; je restloser der Inhalt eines Bildes in malerische Form aufgegangen ist, desto größer der Maler. (...). Worauf es hier allein ankommt, ist klar auszudrücken, daß der Wert der Malerei absolut unabhängig vom Sujet ist, und nur in der Kraft der malerischen Phantasie beruht* (Liebermann, a.a.O., 8).

Dem Nachdenken der Kunst des Philosophen korrespondiert das Denken des Malers. Das sie bestimmende Kennzeichen der ›reinen Malerei‹ hat Max Liebermann in seiner vergessenen Schrift über die Phantasie darin gesehen, dass sie *gut gedacht ist* (Liebermann, *Phantasie*, 3). Seitdem die Malerei darin besteht, *die Präsenzen unterhalb der Repräsentation, hinter der Repräsentation freizusetzen* (Deleuze, *Logik der Sensation*, 36), kommt keine ›Interpretation‹ ihr mehr bei. So wenig ihr ›Sinn‹ mehr in ihren ›Gegenständen‹ liegt, so wenig veranschaulicht sie bloß Gedanken.

Der Maler denkt, um zu gestalten, was er gedacht hat. *Denn die Malerei besteht nicht in der Erfindung von Gedanken, sondern in der Erfindung der sichtbaren Form für den Gedanken* (Liebermann, a.a.O., 9). Dem Philosophen ist es aufgegeben, die Gedanken der Malerei als geformte Sprachgestalt lesbar zu machen.

So liegt es nahe, die Kunst mit dem Künstler zu identifizieren: *Der Inhalt der Kunst ist die Persönlichkeit des Künstlers. Denn: Die Kunst ist des Künstlers Handwerk, das auszubilden die Aufgabe seines Lebens ausmacht. Sie ausbilden heißt: seine Natur so restlos und überzeugend als möglich durch die Mittel seiner Kunst zum Ausdruck zu bringen* (Liebermann, a.a.O., XV; XIII).

Indem dies in dem einzigartig individuellen Fall *eines* Menschen geschieht, der sein Dasein als Künstler verwirklicht, ereignet sich zugleich ein bis zur Beinaheunkenntlichkeit verfeinertes Hervortreten einer Möglichkeit *des* Menschen. Was einer kann, offenbart zugleich, was alle auszeichnet, die derselben Gattung angehören. Der Künstler repräsentiert eine Möglichkeit des Menschen, an deren Bewährung Menschsein kenntlich wird.

In seiner als Klassiker der Anthropoästhetik wiederzuentdeckenden Studie *Apollons letzte Epiphanie* über Hans von Marées hat Leopold Ziegler 1937 dieses Verhältnis bezeichnet. *Wichtig hingegen, weil wesenhaft, ist das Allgemeine, das sich zur Besonderheit bestimmt, in der Besonderheit ausspricht und mittelst der Besonderheit in der Welt durchsetzt: durch sie ›hindurch tönt‹. (...). Das richtig verstandene Leben fordert uns den allgemeinen Menschen ab, zu dessen Gunsten wir den Besonderen in uns überwinden sollen, und so steigt denn am dunstgetrübten Horizont unseres Bewusstseins erstmals das funkelnde Gestirn des ›homo universalis‹ auf, der wahre, der wesenhafte Mensch in allen Menschen, der Mensch überhaupt oder der Mensch an und für sich* (Ziegler, a.a.O., 87).

Was immer er ist, was immer er beabsichtigt, was immer er leistet, immer ist der Künstler ein indirekter Anthropologe. Er kehrt als individuelle Leistung hervor, was zu den Daseinsbestimmungen des Menschseins wesentlich gehört. Obwohl in jeder seiner Arbeiten mit seiner ganzen Existenz präsent, bildet ein Künstler nicht sein Leben; indem er bildet, was sein Leben ihm zu ›realisieren‹ aufgibt, bildet er, was es für Menschen an ›Leben‹ gibt.

Löst man sich von der Altertümlichkeit seiner Sprache, so spricht Ziegler aus, was erst Joseph Beuys eine Generation später in gleicher Radikalität formulieren wird, wenn er von Marées sagt, dass es diesem *einzig um die menschliche Grundhaltung* gehe, *die seine bildnerische Tätigkeit am entschiedensten begünstigt – und diese Grundhaltung ist eben die des allgemeinen, nicht des besonderen Menschen* (a.a.O., 87. – Zu Beuys vgl. Steffens, *Materien des Denkens*).

Dieser Maxime folgend, kann es dem Künstler gelingen, in seiner Arbeit eben das zu leisten, wonach der Philosoph strebt. So sehr, dass beider Rang sich umkehrt, indem die *Auslegung* der *Erscheinung gar nicht Sache des Denkers ist, sondern Sache des Künstlers* (Ziegler, a.a.O., 84). Paradoxerweise gründet diese Umkehrung der Leistungen gerade in der ›Gedankenlosigkeit‹ des tätigen Künstlers. *Denn immer nur wenige Einsichten eines Künstlers, und seien es seine wichtigsten, setzen sich in abgezogene Lehrsätze und Gedankenketten um. Vielmehr gehen die meisten seiner Erkenntnisse unmittelbar in den Schaffensvorgang als solchen ein, dem sie sich unter der Schwelle des Bewusstseins unlöslich verbinden. Selten oder nie gerät ihm das Erkennen zum Selbstzweck, und namentlich der bildende Künst-*

ler pflegt ausschließlich pragmatisch, nämlich für sich selbst zu denken, nicht für andere, nicht für die Welt, am wenigsten für die Wissenschaft. Wer also die Erkenntnisse und Einsichten eines Künstlers ermitteln möchte, wird sie in seinem Werk stets viel gültiger ausgedrückt finden als in seinen Aufzeichnungen, wie unschätzbar diese auch im einzelnen Falle seien (a.a.O., 84f.). Die Essenz der Kunst sind die Gedanken, die sie verkörpert.

Dann ist das Werk die Komplexion einer materialisierten Immanenz der Gedanken, auf die es abzielt, indem sie seine Hervorbringung, wie unbewusst auch immer, leiten; seine Auslegung muss deren Hervorkehrung sein. Der Philosoph entdeckt im Werk die Gedanken, die dem Künstler ermöglichten – oder ihn nötigten –, es herzustellen.

Wiederum eine Generation später hat Adorno diese Anweisung auf auslegendes Verstehen mit dem ältesten Pathos der Philosophie verbunden.

Jedes Kunstwerk bedarf, um ganz erfahren werden zu können, des Gedankens und damit der Philosophie, die nichts anderes ist als der Gedanke, der sich nicht abbremsen läßt. (...). Kunst ist, emphatisch, Erkenntnis, aber nicht die von Objekten. Ein Kunstwerk begreift einzig, wer es als Komplexion von Wahrheit begreift (Adorno, *Ästhetische Theorie*, 391).

Aber es ist die Wahrheit nicht als Wahrheit, sondern als Werk; als Wahrheit der Malerei ist sie die Organisation der Farbmaterien zum Bild. Wahrheit ›gibt‹ es nicht. Gedacht wurde sie immer als ›Wahrheit-Von‹, als darzustellende Eigenschaft; aber sie existiert nur anhand von etwas, als ›Wahrheit-In‹: als zu bewirkende Erscheinung.

Es ist diese ›Wahrheit in der Malerei‹, die Cézanne als einzige Verpflichtung des Malers verstand, deren Erfüllung Derrida zum letzten Prüfstein der Wahrheit erhob, die auszusprechen Philosophie sich verpflichtet, die den Philosophen anhält, zum Komplizen des Künstlers zu werden, in dessen

Werk geborgen liegt, wozu es keinen direkten Zugang des Denkens mehr gibt.

So sehr der Künstler auch leisten mag, wovor der Philosoph nach den katastrophischen Belehrungen der Moderne durch die Geschichte eher zurückschreckt, so wenig macht es ihn unabhängig von diesem. *Der Wahrheitsgehalt eines Werkes bedarf der Philosophie. In ihm erst konvergiert diese mit der Kunst oder erlischt in ihr. Die Bahn dorthin ist die der reflektierten Immanenz der Werke, nicht die auswendige Applikation von Philosophemen* (Adorno, a.a.O., 507). Weil die Kunst nun ist, *was Metaphysik, scheinlos, immer nur sein wollte* (a.a.O., 511), bleibt sie untrennbar mit der Philosophie verbunden, die nicht aufgeben kann, wovon sie doch einsehen musste, es selbst nicht leisten zu können.

Oder genauer: es nicht zu sollen. Denn jene Solidarität mit der *Metaphysik im Augenblick ihres Sturzes*, die der Schlusssatz der *Negativen Dialektik* so zwingend beschwört, dass die *Ästhetische Theorie* von nichts anderem handelt als von ihr, die sich als Archäologie der in den Künsten geborgenen Bedeutungen des in seiner Gattungsexistenz bedrohten Menschenlebens zu verwirklichen sucht, beruht auf der Einsicht, dass das selbstverständliche Vertrauen in die Wahrheit des begrifflichen Erkennens die wichtigste Ursache jener Praktiken einer Politik am Menschen war, die es darauf anlegte, eine ein für alle Mal bestimmte Wahrheit ›des‹ Menschen zu verwirklichen. Ihre Folge der millionenfachen Vernichtung von Menschen, die als Gestalten der ›Unwahrheit‹ nicht lebenswert sein sollten, führte zur Implosion jeder humanistischen Daseinszuversicht.

Die Wahrheit in den Werken, auf deren Spuren der Philosoph sie wahrnimmt, ist nicht mehr die Wahrheit des Menschen, der seine Bestimmung erhofft oder befürchtet, sondern die Wahrheit des Lebens, dessen unaufhebbare Ungewissheit die Sehnsucht und die Verführung jener Bestimmung weckt.

Die anthropoästhetische Fliehkraft, die das Geschehen in der Konvergenzzone des duoproduktiven Austausches zwischen Künstler und Philosoph entwickelt, ist nun vor allem das *Ergreifen des Lebendigen, in einem so zugespitzten Sinne, wie man von einer klaffenden Wunde spricht, und nicht in einem anekdotischen Sinn, den Ausdrücke nahe legen wie ›brennende Aktualität‹ oder ›in voller Aktion‹* (Leiris, »Bacon«, 20).

Was im Kunstwerk nicht als dessen Sinn, wohl aber als seine ›Wahrheit‹ steckt, die Kritik aus ihm hervorzukehren hat, wird jedoch nur der Philosoph zutage fördern, der bereit und fähig ist, sich im eigenen Denken die Mittel des Künstlers zu eigen zu machen: als Träger von Gedanken ernst nimmt, womit dieser seine Bilder herstellt.

Durch meine Arbeit als Künstler möchte ich erreichen, dass der Betrachter meiner Bilder lernt, Farben zu sehen, in Farben zu lesen, Farbe sinnvoll miteinander zu verknüpfen und schließlich mit Farben und in Farben zu denken (Kreutz, *Farbe*, 19). Das verlangt vom Philosophen eine besondere ästhetische Mimesis an die in der Kunst materialisierten Gedanken. Der Philosoph muss Künstler werden, um den Künstler verstehen zu können, der zum Philosophen wurde.

Gerade darin kommt die Kunst dem Philosophen entgegen, oft, ohne dass weder die Künstler, noch die Philosophen es merken. Es ist stärker die Kunst als der Künstler, die nach dem Philosophen *ruft*. Einem Philosophen, *der entschlossen ist, sich seines gesamten ›munus‹ zu entledigen, des Wissens, das seine Blösse schützt* (Lyotard, *Karel Appel*, 18). Was der Philosoph dem Werk, das er zu denken unternimmt, hinzugewinnen kann, indem er äußert, was es stumm bezeichnet, beruht auf dessen eigenem Verzicht auf die Sicherheit gegebener Bedeutungen. Von der Kunst belehrt, wird nur, wer weiß, dass sie sein Wissen überflügelt, ohne es hinter sich zu lassen. Das bereitet Mühe: *die Mühe, uns mitsamt unserem ganzen vorgeblichen philosophischen Wissen, aber auch ohne dieses, der Einma-*

ligkeit zu beugen, die ein Gemälde, eine Zeichnung, ein Objekt oder ein Volumen tatsächlich vorführt, darstellt oder zeigt. (...). Der Künstler verlangt von uns Philosophen, die wahrnehmbare, hier und jetzt dargestellte Einmaligkeit zu denken (Lyotard, a.a.O., 20).

Das Besondere, das sich in einem Werk artikuliert, ist keine bloße Version des Allgemeinen, als dessen Anwalt der Philosoph es zu deuten, zu ›interpretieren‹ hätte, als wäre es außerhalb des Werkes und vor ihm gegeben; es ist der Ort, an dem als Erscheinung seiner selbst etwas in die Realität tritt, was vorher nicht existierte: seine Einmaligkeit zwingt den auf Allgemeinheit hinter dem Besonderen geeichten Gedanken zu der Umkehrung, in der Einmaligkeit des Besonderen die Erscheinung eines möglichen Allgemeinen zu entdecken. Das Werk beglaubigt nichts, außer die Möglichkeit dessen, was sich in ihm Wirklichkeit sucht. Sein Erscheinen *im* Sein ist eine Anweisung an das Denken des Seins, dieses als Komplexion verwirklichter Möglichkeiten zu begreifen. Das Werk repräsentiert kein Sein, sondern macht eines möglich, indem es eines realisiert.

Die verheerendste Folge einer als Disziplin der akademischen Philosophie betriebenen Ästhetik ist die Anästhesie der Wahrnehmungsfähigkeit *im* Denken. Das verfügende Denken, das seine Phänomene in seine vorgegebenen Ordnungen der Begriffe einzugliedern unternimmt, verstellt den Zugang zu ihnen: es sieht nicht, was sie sind, sondern entdeckt in ihnen wieder, als was sie gelten müssen, um in einem System der Klassifikation anwesend zu sein.

Ein ebenso minderwertiges wie abschreckendes Beispiel bietet die Schmähschrift, die einer der nach Kriegsende einflussreichsten Reorganisatoren der akademischen Philosophie in Deutschland 1952 unter dem Titel *Erschöpfte Kunst oder Kunstformalismus?* veröffentlichte. Sie hält nicht, was ihr verlockender Untertitel »Eine anthropologische Studie zur modernen Kunst« verspricht. Hinter dem Stichwort ›Anthropologie‹ verbirgt sich ein letzter Aufguss eines aus dritter Hand bezogenen ›Klassizismus‹, den gegen die Moderne ins Feld zu führen nicht nur deren Unverständnis offenlegt, sondern kaum verbergen kann, als Tarnung des ›gesunden Volksempfindens‹ zu dienen. Was Adorno an Rothackers bald nach Kriegsende erschienener *Kulturanthropologie* abstieß, das unverfängliche akademische Genre als Unterschlupf nicht aufgegebener NS-Überzeugungen zu benutzen (Adorno, »›Kulturanthropologie‹«), geschieht hier unter der Deckung der neuen demokratischen Meinungsfreiheit in plumpester Weise.

Die Schmähung ist dennoch nicht vollständig wertlos. In der Art, wie sie die Philosophie der modernen Kunst, die es bis dahin gab, denunziert, zeigt sie in ironisch unfreiwilliger Selbstentlarvung paradox genau, worin das Denken der Kunst seine Aufgabe hat: *man ist in der Deutung selbst ein Künstler der Sprache und der erklärenden Bilder, die Künstlerphilosophie wird in eine ›Deutungskunst‹ umgestaltet* (Schischkoff, a.a.O., 64).

Der Begriff ist klüger als sein Benutzer. Er verteidigt, wogegen sein Missbrauch ihn einsetzt. Die Deutung der Kunst wird selbst eine Kunst, wie Kunst bereits Deutung ist: als Gestalt, als Form einer lebendigen Reaktion auf Daseinsphänomene. *Ob die Künstler es wissen oder nicht, sie appellieren an die Philosophie, sich als Kunst zu ergreifen und zu begreifen* (Lyotard, *Appel*, 36). Das freigelegte Denken der in den Werken gestalteten Wahrnehmungen muss seinerseits zu einem Werk gestaltet werden. Die philosophische Deutung der Kunst wird eine Kunst der Deutung.

Um dieser Aufforderung zu entsprechen, muss der Philosoph anfangen zu schreiben und aufhören, nur zu ›denken‹. Oder, anders gesagt, er muss anfangen, das Denken als Werk zu denken und nicht mehr als Beweisführung (Lyotard, a.a.O., 33). Zum Künstler wird der Philosoph als *Schöpfer, Erfinder* (Deleuze,

»Fürsprecher«, 176). Als Erfinder nämlich einer Form, die ihm auszusprechen ermöglicht, welches Denken entsteht, indem jene Form auf ihn einwirkt, in die der Künstler sein Werk brachte. Die ›Deutungskunst‹ ist die Erfindung einer Form des Denkens, die dem Philosophen zu verstehen ermöglicht, was sich in der gestalteten Wahrnehmung des Künstlers ereignet, deren Wahrnehmung sein Denken weckt. Das im Werk des Künstlers gebundene Denken erschließend, nimmt das Denken, das diese Archäologie eines vom Werk geborgenen, von ihm jedoch nicht dargestellten Sinns betreibt, sich selbst wahr, und entdeckt die Wahrnehmung im Denken.

Das ist möglich, weil die Deutungskunst der Moderne – die mit der Kraft der Weltdeutung der Kunst noch immer nicht Schritt halten kann – die letzte Ausprägung jener Verschlingung von Idee und Form ist, die seit der Renaissance die europäische Beziehung von Kunst und Denken bestimmt.

Alle scheinbare Unform aus der Welt auszutilgen, alles Gestaltlose als der Gestalt teilhaft zu erkennen – dies ist nach Ficin die Summe der religiös-philosophischen Erkenntnis. Aber diese Erkenntnis kann beim bloßen Begriff nicht stehen bleiben; sie muß sich in Tat umsetzen und sich in ihr bewähren. Hier setzt die Leistung des Künstlers ein. Die Forderung, die die Spekulation nur zu stellen vermochte, wird von ihm erfüllt. Daß die Sinnenwelt Form und Gestalt hat – dessen kann sich der Mensch nur dadurch versichern, daß er ihr fortschreitend Form gibt. Alle Schönheit der sinnlichen Welt stammt zuletzt nicht aus ihr selbst, sondern liegt darin begründet, daß sie gewissermaßen zum Medium wird, an dem die freie Schöpferkraft des Menschen sich betätigt, und in dem sie sich selbst als solche erkennt. Dann liegt der Brennpunkt des geistigen Lebens gewissermaßen an der Stelle, an der die ›Idee‹ Körperlichkeit gewinnt, an der die unsinnliche Gestalt, die im Geist des Künstlers vorhanden ist, in die Welt des Sichtbaren herausbricht und sich in ihr verwirklicht (Cassirer, *Individuum und Kosmos*, 71).

Die letzte Folgerung aus diesem Erbe der Renaissance ist eine Anweisung des kunstbegreifenden Denkens darauf, nicht das Werk zu verstehen, sondern seine Entstehung. *Alle Spekulation muß daher notwendig fehlgreifen, wenn sie ihren Blick bloß auf das Gestaltete heftet, statt sich in den Grundakt des Gestaltens selbst zu versenken* (Cassirer, a.a.O., 71). Die Deutungskunst verfährt als eine Choreografie des werkgenetischen Denkens in der Kunst.

Die Erkenntnis des Bildes entsteht im Verstehen des Malens. Die Malerei ›erklärt‹ das Bild. Das Bild, das entsteht, erfindet die Malerei. Diesen genetischen Raum, in dem entsteht, was es nur gibt, indem es getan wird, in dem die Malerei, die das Bild hervorbringt, von dem Bild erzeugt wird, das gemalt wird, auf der Suche des Denkens, das dabei ebenso selbst entsteht, wie es die sich in ihm abspielenden Prozesse in Gang setzt, zu durchqueren, ist die Arbeit der Deutungskunst des Philosophen, dem der Maler präsentiert, welche Malerei seine Bilder erfanden, die auf der Suche nach seiner Malerei sind.

Der Philosoph erklärt nicht das Werk des Malers, er spricht aus, welches Denken es materialisiert; der Maler zeigt nicht das Denken des Philosophen, er materialisiert, wovon es handelt –: das Sein des einen, ist die Vorstellung des anderen.

Miteinander finden sie eine gemeinsame Welt.

4 »Alcyone und Ceyx«

III

Auf Orions Schultern, zwischen Hades und Helios

Fragmente einer Mythopoietik der Malerei

Dieser Auswurf
Des Raums,
Katarakte,
die durch das Sieb
fallen,
damit das Spurloseste
zurückbleibt.

Cyrus Atabay

Neu zu sehen

Seine im Januar 1932 in Köln gehaltenen Vorträge über »Holländische Kultur des siebzehnten Jahrhunderts« leitete Johan Huizinga mit der zeitkritischen Bemerkung ein, *die intellektuelle Betätigung unserer Zeit* scheine *sich in bedenklicher Weise auf das bloße Sehen zurückzuziehen* (Huizinga, 4). Welch tiefgreifender Wandel sich seitdem vollzog, wird daran ermessbar, dass derselbe Befund heute das genaue Gegenteil des damaligen ist: nichts scheint unsere Zeit weniger zu interessieren als ein auf Erkenntnis gerichtetes Sehen. Da es tendenziell nichts mehr gibt, was nicht gesehen werden könnte, wird immer weniger tatsächlich gesehen. So geringfügig inzwischen, dass ›Sehen‹ und ›intellektuelle Betätigung‹ nicht mehr umstandslos übereinkommen. Einem Zuviel an Erblicktem steht ein Zuwenig an Gesehenem gegenüber.

Es genügt nicht mehr, zu sehen, um zu sehen. Man muss nun wissen, wie die Sichtbarkeiten erzeugt werden, die einen umgeben, um fähig zu bleiben, zu sehen, weil die allgegenwärtigen Bilder, die unser Leben regulieren, keine Ansichten mehr sind, sondern deren Ersatz. Sie sind in ihrer zivilisatorischen Funktionalität genau so repräsentativ, wie die Bildkünste der Moderne nicht mehr sein wollten: frei von jedem ontischen Gehalt.

Im ›Universum der technischen Bilder‹ (Vilém Flusser), die das zivilisatorische Gerüst einer auf virtueller Sichtbarkeit, auf der Vortäuschung von Bildern errichteten Struktur des Alltagslebens bilden, wächst den Künsten des Sehens eine neue kulturelle Rolle zu.

Die Bildkunst ist nicht mehr bloß *auch* eine Erkenntnis, als welche die Avantgarden sie beanspruchten, sondern die Erkenntnisform, deren Verständnis zur Bedingung dafür wurde, sich ohne Wirklichkeitsverlust in der Welt der künstlichen Bilder bewegen zu können. Sie ist die intellektuelle Disziplin, die die elementare Kulturtechnik des Bildens gewährleistet.

Die Kunst in den Dienst der Erkenntnis zu stellen und aus der Verschmelzung der sinnlichen und der intelligiblen Eigenschaften der Dinge, wie sie durch das Werk unmittelbar augenfällig wird, führt nicht nur dazu, ästhetische Emotion zu gewinnen (Lévi-Strauss, »Malerin«, 367); aus Einsicht in die ›Eigenschaften der Dinge‹ kann durch ihre Erweiterung zur Einsicht, wie diese Eigenschaften durch gestaltete Wahrnehmung allererst ›intelligibel‹ werden, eine Erkenntnis der Kunst als vermittelte Selbstdarstellung der menschlichen Weise, in der Welt zu sein, hervorgehen. Wer ein Bild zu ›lesen‹ versteht, wie Gerhard Hoehme es sich für die seinen wünschte, wird sich immer über die Bedingungen des Menschseins, das sich zu den Bedingungen seiner Wirklichkeiten in Beziehung setzt, belehrt finden.

Nichts aber ist heute weniger intellektuell als die öffentliche Wahrnehmung zeitgenössischer Kunst. Darüber können eine angestrengte Szenephraseologie und die Pseudoterminologien jargonseliger Gedankenlosigkeit, mit denen ein nimmersatt ausufernder publizistischer Betrieb gefüttert wird, nicht täuschen. Der Anspruch, Kunst als Gestalt von Erkenntnis zu praktizieren und wahrzunehmen, trifft auf widerwilligste Reserve.

Die Frage, die Claude Lévi-Strauss zwischen Bewunderung und Abscheu schwankend anlässlich der Picasso-Retrospektive, die 1966 in Paris monumental im Grand und im Petit Palais stattfand, stellvertretend an dessen Werk richtete, eine Generation, bevor eine unerwartete Hochkonjunktur der Ästhetik die Künste aus der traditionellen Verachtung der sinnlichen als der niedersten menschlichen Vermögen scheinbar endgültig befreien sollte, mutet heute an wie aus märchenhafter Vorzeit: *bis zu welchem Punkt das Werk selbst eine strukturale Analyse der Realität leistet. Anders gesagt: ist es für uns ein Mittel der Erkenntnis? Es ist ein Werk, das weniger eine originale Botschaft bringt, als vielmehr den Code der Malerei gleichsam durchknetet. Eine Interpretation zweiten Grades; eine bewundernswerte Rede über die Rede der Malerei, weit mehr als eine Rede über die Welt* (Lévi-Strauss, »Retrospektive«, 311f.).

Seitdem hat die aufkommende Zivilisation gelenkter Wahrnehmung die ›Interpretation zweiten Grades‹ zu einer Wirklichkeit dritten Grades forciert, deren Bedeutungsrepräsentanten den Anspruch auf Erfassung der Welt zugunsten illusionistisch unterhaltender Bebilderung aufgegeben haben. Wenn ihre Bilder die Welt in einem wahrnehmungsgesteuerten Bewusstsein ersetzen, wird es fast aussichtslos, über den Realitätsgrad von Kunst zu streiten. Aber nicht sinnlos.

Das bestimmt die Malerei dazu, eine Schule des Sehens zu werden, nachdem sie ein Laboratorium der Sichtbarkeiten war.

Was immer sie sonst auch sein können mag, heute ist sie vor allem eine Erforschung des Bildens.

Unter den vielen, die malen, gehört Frank Hinrichs zu den wenigen, die Maler sind, weil er sich dieser Herausforderung stellt, indem er sich mit jedem eigenen, das er anfertigt, auf die Suche nach einem Bild begibt, dessen eigenes Sein sichtbar werden lässt, wie es Welt als Sichtbarkeit jenseits ihrer Bildrepräsentanten gibt.

Als materielle Erforschung des Sehens ist Malerei auf der Suche nach dem Bild, das zeigt, wie gebildet wird; dem Bild, das Welt nicht nur repräsentiert, sondern zu sehen gibt, was es im Sehen mit ihr auf sich hat.

Hinrichs pictopoietischer Einsatz trägt zu jener ästhetischen *Forschungsarbeit* (Lyotard, *Buren*, 67) bei, die den Untergang ihrer ›postmodernen‹ Begründung überlebt hat. Sie ist darauf gerichtet, herauszufinden, wie die Leistungen gestalteter Wahrnehmung jenseits repräsentativer Funktionalität zu zivilisatorischen Zwecken die Realitäten stiften, in denen wir leben. Malerei wird zur Forschung über Malerei: gemalt wird, um zu erkennen, was es heißt, zu bilden. Maler ist, wer genauestens herausfinden will, wie Malerei als eine Disziplin des Bildens funktioniert.

Der darin liegende Anspruch wird nicht dadurch falsch, dass er in der Zivilisation des virtuellen Bildes immer weniger verständlich ist. In der Konfrontation mit dem Absolutismus des vortäuschenden Bildes stellt er sich umso schärfer als Grundproblem der Bedingungen unserer Daseinsmöglichkeit. Die Imagokratie des technischen Bildes erfüllt zwar einerseits die Bedingung der Distanzierung der Wirklichkeit als wesentlicher Voraussetzung für ein Menschendasein in der Welt; mit jeder Bewährung dieses kulturellen Grundanspruchs an jede ontologische Repräsentationsleistung schwindet jedoch das Bewusstsein elementarer Daseinsbedingungen. Ein Gewinn dort wird mit einem Verlust hier erkauft: je distanzierter die

Wirklichkeit, desto geringer die Anspannung, Distanzierung als Grundlage der menschlichen Daseinsmöglichkeiten zu gewährleisten. Das daseinsfunktionale Bild der Welt täuscht über die Unsicherheit des Weltbesitzes, den es ermöglicht, desto mehr hinweg, je leistungsfähiger es wird.

Das Problem des bildenden Künstlers stellt sich damit verschärft: das Sein des Wirklichen, das sich seiner sinnlichen Intelligenz darbietet, in seiner mundanen Anwesenheit sichtbar zu machen. Was Robert Delaunay als *weltoffenbarende* Qualität für seine *peinture abstraite vivante* in Anspruch nahm (Imdahl, *Farbe*, 136), wird noch einmal zur Herausforderung der Malerei.

Die Welt der Information verdrängt die beobachtete Welt; die Dinge, die wir gemein haben, weil wir sie sehen, räumen das Feld für die ausgetauschten Codes. Und die ganze Veränderung ist die Folge des Sieges, den die Harmonientafel über das Tableau der Blicke errungen hat. Für die Philosophie, die es feststellt, liegt darin eine Nötigung, der sie nachgeben muss, will sie nicht in Gefahr geraten, zu verschwinden. Nur als eine Kunst des Denkens wird sie die Chance haben, das Verschwinden der Theorie zu überdauern. Sie zeichnete sich *durch den Akt des Sehens aus und die Phänomenologie durch die der Optik ausgesetzten Erscheinungen. Die Taue lösen sich. Die Botschaft wird zum eigentlichen Objekt. Der Code sagt, was gegeben ist, die Datenbank ist an die Stelle der Welt getreten* (Serres, *Sinne*, 59).

Nun kommt es darauf an, die dem Sehen und dem Denken des Erblickten entrückende Welt durch Phänomene zu erweitern, die ein Eigensein besitzen, das sich von keinem Code erfassen lässt, weil es auf der Einmaligkeit der individuellen Existenz beruht: die Welt wird fortdauern als eine Formation aus Dingen, in denen einmalige Existenzen ihr Sein in unverwechselbaren Gegenständen materialisieren.

Diese Parallelzone zur zivilisatorischen Existenz, in der das Visuelle, das Sichtbare schrumpft, während das Optische, das Anschauliche zunimmt, in der immer mehr erblickt, aber immer weniger gesehen wird, entsteht aus künstlerischen Praktiken des Bildens.

Ins Zentrum der Bilderforschung kehrt die Malerei dermaßen zurück, wie die Erinnerung schwindet, die sie selbst *ist*, dass der Ursprung jeder Erkenntnis das Unerkennbare ist. Erkannt kann nur das werden, was intelligente Wahrnehmung im Denken an dessen Stelle setzt.

Seit Cézanne bildet der Maler, weil er erfährt, im Sehen nicht zu erfassen, *was* er sieht. Deshalb erforscht er, *wie* er sieht. Dazu stellt er Sichtbares her, das das Unsichtbare am Gesehenen durch Zeichen seiner Wahrnehmung ersetzt. Damit bezeugt die Malerei die absolute Grenze, die die ihre eigene Leistung erkennende Vernunft vom Sein ihrer Erfahrungsgegenstände unüberbrückbar trennt.

Mit seiner letzten Konsequenz, die der Impressionismus in seiner Vollendung im Spätwerk Bonnards erreicht, widerruft er seine Voraussetzung. *Das Auge verliert seine Vorrangstellung ausgerechnet dort, wo es die absolute Vorherrschaft genießt: in der Malerei. In seinen extremsten Bemühungen gelangt der Impressionismus zu seinem wahren, ursprünglichen Sinn, dem Tastsinn* (Serres, *Sinne*, 41). Denn das Auge kann nicht anders, als körperlich auf Distanz zu halten, was es dem Bewusstsein zuführt. Wer sehen will, darf sich dem Gegenstand seines Interesses nicht zu sehr nähern. *Das Auge, das stets auf Distanz bleibt*, weil es nicht anders kann, wenn es leisten will, wozu es fähig ist, verhält das Leib-Bewusstsein, das sich seiner bedienen muss, in einer Weltdistanz, die die Hand zu überbrücken hat. *Kein Impressionismus ohne imprimierende Kraft, ohne die Pressionen des Tastsinns. Mit seinen umhäuteten Fingern läßt Bonnard uns die Haut der Dinge berühren* (Serres, *Sinne*, 37). Er *taucht nackt in das Schwimmbecken des Gartens, taucht mitten hinein in das Bad der Welt (...), um eines Tages malen oder denken zu können, was das ist: in den Ozean der*

Welt einzutauchen, zu fühlen, wie sich um einen herum diese Membran, dieses Gewebe, diese unsichtbare Hülle bildet (Serres, *Sinne*, 38).

Mit dieser noch ganz im Sinne Cézannes geschehenden ›Realisierung‹ hat der Impressionismus die Malerei zwar nicht abgeschlossen, jeder künftigen damit jedoch ein Maß gegeben, das sie nicht unterschreiten kann. Seitdem ist Malen durch den Ehrgeiz bestimmt, zu erforschen, ob diese ›Eroberung‹ auch auf anderen Wegen der Manipulation von Farbstofflichkeiten möglich ist.

Der reinen Malerei des Informel, die das Bild in einem Prozess spontan kalkulierter Chaotik sich gleichsam selbst aus der gestisch gestalteten Farbmaterie ohne Rückgriff auf die Erinnerung einer gegenständlichen Ansicht unter der Hand und den Augen des Malers entwickeln lässt, gelingt der letzte Schritt in eine reine Dinglichkeit der vergegenständlichten Augenleistung. Im Bild, das selbst zu einem wird, gibt es kein Ding mehr. Nun bedarf nicht nur seine Hervorbringung, sondern auch seine Wahrnehmung des Auges und der Hand zu gleichen Teilen. Farbgeologien wie die Bilder Fautriers oder Schumachers lassen sich nicht mehr sehen, ohne sie auch zu berühren, weshalb man sie in keinem Museum jemals in ihrem ganzen Sein erfahren kann, dessen Besuchsregeln die dazu unerlässliche Berührung verwehren.

Die Gegenstandslosigkeit des reinen Farbstoffbildes verringert nicht nur nicht die Welthaltigkeit des Bildes, sondern steigert sie zu einem Grad, der von keiner dinghaften Referentialität des Bildgehaltes je erreicht werden könnte. Zur Gewährleistung der Welthaltigkeit des ›gegenstandslosen‹ Bildes ist es nicht erforderlich, *die pikturale Differenz zwischen dem, was sichtbar wird, und dem, worin es sichtbar wird*, aufrechtzuerhalten (Waldenfels, »Rätsel«, 219).

Das schönste Buch unserer Zeit über Malerei ist auch das lehrreichste. Geschrieben hat es eine Malerin, aus dem *Wunsch zu begreifen, warum ich malend nicht weiterkam, in der Hoffnung, am Ende meiner Rätselreise das Tor der Malerei wieder geöffnet zu finden*. In ihren *Erinnerungen an die Malerei* führt Anita Albus ›Die Kunst der Künste‹ folgerichtig auf ihre elementare Grundlage der Materialität ihrer Mittel zurück. Die Substanz der Malerei ist die Stofflichkeit ihrer Farben. *Der Geist eines Malers sind seine Rots, seine Grüns, seine Blaus*, hatte das der luzideste Kritiker der deutschen Nachkriegsavantgarde in einem seiner Schlüsseltexte zu deren Verständnis pointiert (Fabri, *Faden*, 106).

In Burgund begann, was als Moderne zu sich kommen sollte: die Anverwandlung des Wirklichen als Welt in der bildenden Kunst. Mit van Eyck beginnt die Geschichte einer Malerei, die die metaphysische Grunderfahrung der überwältigenden Übermacht des Unbegreiflichen ästhetisch in die lösende Erfahrung einer begreifbaren menschlichen Äußerung verwandelt (Steffens, *Poetik der Welt*, 27f.; ders., *Burgund*). Die Welt des Menschen entsteht in dem Maße, in dem die Zuversicht wächst, Wirklichkeit diesseits der unmöglichen Einsicht in ihren seinsbestimmenden Ursprung dem Bewusstsein durch Darstellung zugänglich machen zu können.

Fünfhundertdreißig Jahre bevor der Satellit ›Lunar Orbiter‹ die ersten Bilder der leuchtenden Erde am Himmel des Mondes aus der eisigen Lebensferne des Alls funkte, malte Jan van Eyck ein kosmisches Panorama, ein Bild aus der Vogelperspektive, auch Vogelschau genannt. Kein Vogel könnte so hoch fliegen, daß seine Sicht drei Kontinente umfasste wie auf dem Eyckschen Bild, und jedem Blick aus dem Flugzeug schrumpft die Landschaft zu geometrischen Mustern zusammen, bis selbst dieses Flickwerk sich unter der Ödnis endloser Wolkenbänke der

Wahrnehmung entzieht. Gebirgszüge, Hügel, Wälder und Meere, Städte, Flüsse, Straßen und Seen hat der Hofmaler und Kammerdiener des Herzogs von Burgund mit topographischer Genauigkeit in einer Optik wiedergegeben, die der unmöglichen Gleichzeitigkeit von Nah- und Fernsicht entspricht (Albus, *Kunst der Künste*, 9).

Für ein anthropologisch gerichtetes ästhetisches Bewusstsein ist weniges so bedauerlich wie der Verlust dieses Bildes. Seine Kenntnis beruht ausschließlich auf *der Schrift eines Genueser Humanisten, Bartolomeo Fazio, der Geschichtsschreiber und Sekretär des Königs von Neapel, Alfons V. von Aragon, war. In seinem kleinen Buch* De viris illustribus *beschreibt Fazio 1456 die Weltkreiskarte als das vollkommenste Werk der Zeit* (Albus, a.a.O., 13. – vgl. Sellink, »Ein neuer Blick«). Im imaginären kosmischen Überblick die Welt als Ganzes ins Auge zu fassen, ist ihre erste und sogleich stärkste Beanspruchung als Ort des Menschen. Sie hat zur Voraussetzung, auf den Bezug zu dem Sein, dessen Emanation sie ist, zu verzichten. Die Welt als Ganzes im Blick auf sie erfassen zu wollen, kommt der Anmaßung gleich, die Position ihres Schöpfers im Moment ihrer Seinskonzeption einzunehmen. Gut möglich, wenn nicht wahrscheinlich, dass dieses Urbild der Neuzeit einer theologisch-klerikalen Intervention zum Opfer fiel. So bleibt nur die versuchsweise Vorstellung, es betrachtend sehen zu können, worauf die Existenz des Menschen beruht, seit er darauf zu verzichten begann, das Sein zu erkennen, und sich stattdessen der Erkenntnis des Seienden zuzuwenden.

In der gestalteten Sichtbarkeit ihrer Gehalte wird die Welt für den Menschen wirklich. Die Vermögen des Auges zu kultivieren, wird ihn zum Herrn dessen machen, was er als *seine* Welt beansprucht. Als Kunst, zu veranschaulichen, was sich sehen, in unmittelbarer Sinnlichkeit als wirklich erfahren lässt, geht die Malerei als elementare Kulturtechnik der Weltaneignung allen anderen Techniken voran. Ohne Fantasie keine Wirklichkeit. Das gemalte Bild, das zeigt, wie es wäre, die Erde aus der Perspektive des sie umgebenden Alls zu betrachten, ist die Voraussetzung dafür, es eines Tages unternehmen zu können, diese Perspektive in konkreter Sinnlichkeit realiter einzunehmen. Ohne Vorwegnahme in reiner Einbildung hätte es den Blick vom Mond auf die Erde nicht gegeben. Die Weltraumfahrt begann mit van Eycks verlorenem Bild – selbst dann, wenn es nur in der Phantasie dessen existiert haben sollte, dessen Beschreibung es überlieferte. In der Kunst imaginärer Künste macht die Kunst selbst ihre ontogenetische Potenz zum Gegenstand ihrer Leistungsfähigkeit (Brams, *Erfundene Kunst*).

Einer der schönsten Texte, die in unserer Zeit einer Malerei gewidmet wurden, ist der Essay, den Claude Lévi-Strauss über Anita Albus schrieb. Er führt ins Zentrum der Problematik, die die bildende Kunst umtreibt, seit sie sich zu jener Modernität verpflichtete, die die Neuzeit zu vollenden dachte.

Reich an Kenntnis und sehr unbefangen muß ein Maler sein. Die Impressionisten hatten noch Malen gelernt, aber sie setzten alles daran, das Erlernte zu vergessen – gottlob gelang es ihnen nicht. Allein, mit Erfolg überzeugten sie ein Heer von Epigonen, daß Wissen unnütz sei, daß es genüge, der Spontaneität freien Lauf zu lassen und, entsprechend der Formel, die es zu verhängnisvollem Ruhm brachte, »zu malen wie der Vogel singt« (Lévi-Strauss, »Malerin«, 361).

Nichts ist wertvoller, als kluge Gegner zu haben, deren Einwände die eigene Sache schärfer sehen lassen, als jede Apologie. Was Lévi-Strauss noch fragwürdig erscheinen konnte, erweist sich eine Generation später in der Konfrontation des ästhetischen Bewusstseins mit der technischen Imagokratie als der Rückhalt, der es den Bildkünsten ermöglicht, die anthropologische Bedeutung des Auges für die Gewährleistung des Menschseins sicherzustellen. Indem der Impressionismus das

Bild eines Seins durch das Sein eines Bildes ersetzte, eröffnete er den Weg zu einer ›reinen Malerei‹, deren Lösung von jeder wirklichkeitsrepräsentativen Funktion des Bildes jene visuelle Autonomie begründete, derer es unter der Herrschaft des elektronisch erzeugten virtuellen Bildes bedarf, das eine Wirklichkeit vortäuscht, an der es aufgrund seiner Immaterialität selbst keinen Anteil mehr hat. Die Materialität des reinen Farbstoffbildes manifestiert eine Wirklichkeit, die das virtuelle Bild nicht mehr kennt, auf deren Existenz das Leben, dessen Organisation es reguliert, jedoch beruht.

Erbschaften des Auges

Erbschaften erschließen sich vor allem in ihrem Anblick. Denn die Leistungen des Auges sind das älteste Erbe des Menschen. Er wurde zu dem Wesen, das sieht, weil er sich noch lange, nachdem die Menschwerdung begonnen und in der heutigen Menschengestalt ihr vorläufiges Ende gefunden hatte, als ein Lebewesen erfuhr, das gesehen wird.

Als Bestimmung des Menschen ist das Gesehenwerden des Sehenden eine späte Erbschaft der frühen Neuzeit. Im Geburtshaus des Nikolaus von Kues in Bernkastel-Kues wird eine Gobelinkopie des verschollenen Bildes aufbewahrt, das vermutlich ein Selbstportrait Roger van der Weydens war, das die bedeutendste Gründerfigur für das Denken der Neuzeit als Bild des ›Allsehenden‹ zu dem Traktat »De Visione Dei / Vom Sehen Gottes« inspirierte, mit dem er 1453 die Grundmotive einer neuzeitlichen Ästhetik in der noch unvermeidlichen Form einer theologischen Meditation umriss (Gestrich, »Nikolaus«, 93, Abb. 120). Gleich aus welchem Blickwinkel, von welcher Stelle im Raum aus betrachtet, scheint der Portraitierte aus diesem Bild heraus den Blick seines Betrachters zu erwidern. Die Raffinesse einer optischen Täuschung brachte am Beginn der Neuzeit eine Metaphysik des Sehens hervor, deren Grundgedanke vom gesehenen Sehenden sich gegen deren unabsehbar sich aufschiebendes Ende zum Befund einer Anthropologie der Sinne werden sollte.

Was anderes ist daher dein Sehen, o Herr! Wenn du mich mit mildem Auge anblickst, als daß du von mir gesehen wirst? Indem du mich siehst, gibst du dich mir zu sehen, der du der verborgene Gott bist. Niemand kann dich sehen, außer soweit du es verleihst, gesehen zu werden, und daß du gesehen wirst, ist nichts anderes, als daß du den siehst, der dich sieht (Nikolaus von Kues, »Vom Sehen«, 240). In der optischen Ontologie des Theologen der Schöpfung erscheint der Mensch als das Wesen, das nur deshalb sehen kann, weil es gesehen wird. Denn Gottes *Sehen gibt das Sein* (a.a.O., 255). *Dadurch, daß du alle siehst, wirst du von allen gesehen. Anders können die Kreaturen nicht sein: Durch dein Sehen sind sie. Würden sie nicht dich den Sehenden sehen, so hätten sie von dir kein Sein: Das Sein der Kreatur ist dein Sehen und Gesehenwerden zugleich* (a.a.O., 252).

In Cusanus' Beschreibung des angeblickten Betrachters *die durchdachteste und angemessenste Verdeutlichung der neuen Selbstauffassung des Menschen* entdeckend, die die Neuzeit als Epoche bestimmt, fand Hans Blumenberg die Grundbestimmung seiner späteren Theorie der Neuzeit, deren Geschichtsphilosophie auf der Deutung des Cusaners als Gestalt des Übergangs beruht (Blumenberg, Hg., *Nikolaus von Cues*, 309; ders., *Die Legitimität der Neuzeit*, Vierter Teil: »Cusaner und Nolaner: Aspekte der Epochenschwelle«, 433–585; erneuerte Ausgabe, 531–700).

Die Ästhetik der Moderne wird den ästhetischen Gründungsgedanken der Neuzeit des Cusaners als Überzeugung vollenden, dass erst seine Darstellung das Wirkliche zur Wirklichkeit des Menschen mache. Die Kunst wird zur elementaren Fertigkeit der Selbstbehauptung des Menschen gegen ein ungewisses Dasein in der Umklammerung durch ein ›numinoses‹ Sein, das immer wieder als Überwältigung in seine Lebensführung einbricht, und es mit Krankheit, Schicksalsschlägen aller Art und schließlich einem unausweichlichen Tod schlägt.

Die Perspektive einer Anthropologie der Weltungewissheit kehrt den cusanischen Grundgedanken einer ästhetischen Ontologie der Schöpfung zur Begründung einer ontologischen Ästhetik um: das seines Daseins nie sichere Wesen muss seine sinnlichen Vermögen zu einer permanenten Vergewisserung alles dessen zunächst befähigen, und dann einsetzen, was ihm als Medium seiner Existenz zur Verfügung steht. Es *bleibt nicht beim Gesehenwerden des Gesehenen. Schon die erste Hütte – der von der Erde nicht mehr bereitgestellte Höhlenersatz –, die zur Vergrößerung des Aktionsradius bei mehrtägigen Verfolgungen von Beutetieren gedient haben mochte, ergab Ausdehnung des Volumens von Sichtbarkeit als passiver Optik, über den aufrechten Gang hinaus zu den ›aufgerichteten‹ Gehäusen um die Leiblichkeit herum. Von diesem Typus wird die ganze kulturelle Lebenssphäre sein: Verstärkung der Sichtbarkeit, von Hügelgräbern und Pyramiden über Tempel und Dome bis zu Hochhäusern und Hängebrücken. Alles von dieser Art steigert immer zugleich die Anfälligkeit und Betreffbarkeit des Menschen für Wahrnehmung und Fremdeinwirkung, eingeschlossen das Zeichenhafte von Herausforderung, das immer im Komparativ von Größen liegt. Die Aufspaltung der menschlichen Mitwelt in potentielle Feinde, die analoge Dualisierung der Natur hängen mit den Unvermeidlichkeiten des Sichtbarwerdens jenseits der Verbergungen zusammen* (Blumenberg, *Höhlenausgänge*, 60f.).

Der anthropologische Vorrang des Visuellen gründet in der Vorsicht des potentiellen Beutetieres. *Der Mensch ist das sichtbarste Wesen in einem emphatischen Sinne. Er ist betroffen von seiner Sichtbarkeit durch die Auffälligkeit des aufrechten Ganges und durch die Wehrlosigkeit seiner unspezifischen orga-*

nischen Ausstattung. Das macht ihn anfällig für die Lockung der Rückkehr in die Höhle. Sie ist die einzige Erfüllung seines tief in dieser Gattungslage verwurzelten Wunsches nach Unsichtbarkeit (a.a.O., 55).

Die Wirkung der elementaren Vorsicht ist eine der bestimmenden animalischen Erbschaften in der biologischen Konstitution des Menschen. Sie beherrscht ihn, obwohl er in der Nahrungskette der letzte Jäger ist, der selbst nicht mehr fürchten muss, gejagt zu werden. Die Lebewesen, die ihn noch in jedem Moment seines Daseins tödlich bedrohen, sind unsichtbar; verborgen lauern sie im mikroskopisch Kleinen.

Sich vor dem Sichtbarsein so sehr fürchtend, kann der Mensch nicht anders, als seine Fertigkeiten des Bildens im Laufe der Geschichte seiner Selbstbestimmung zum Erzeugnis einer Gestaltung seiner Lebensbedingungen zu größtmöglicher Vollkommenheit auszubilden.

Ihren vorläufig letzten Fluchtpunkt findet sie in dem, was die Zivilisation des elektronischen Bildes zu erreichen scheint: das als jeweilige Wirklichkeit eines Lebens Unerlässliche als Bild zugänglich und jederzeit verfügbar zu machen. Umgekehrt: die anthropologische Dynamik der ontologischen Bedingungen des menschlichen Daseins drängen darauf, das an Bedingungen des Fort-Existierens Unerlässliche in Modi einer unfehlbar zuverlässigen Gewährleistung zu übertragen. Dazu hat sich bislang nichts Geeigneteres gefunden als die Kunst, Wirkliches in Bilder seines Seins zu verwandeln.

Der Vorrang, den die Künste und Techniken des Sichtbarmachens – und in den Fertigkeiten der ›Virtualität‹ des Unsichtbarmachens durch Verbildlichung des Nichtexistierenden – in der spätneuzeitlichen Zivilisation behaupten, bezeugt die Sichtbarkeit als den wundesten Punkt in der Daseinsverfassung des Menschenwesens. Deshalb muss eine phänomenologische Anthropologie die Gestalt von »Variationen der Visibilität« annehmen (Blumenberg, *Beschreibung des Menschen*, 777–896).

Dieses Erbe wirkt in der elektronischen Zivilisation fort, die die gesellschaftliche Organisation der Lebensfunktionen über die Technik virtueller Bilder reguliert. Die Lebenskonkurrenz der Vorzeit wurde durch die Schnelligkeit des Auges, den schnelleren Blick so sehr entschieden, dass ein schwächeres Auge eine Steigerung der anderen Sinnesvermögen stimulieren musste. Das Vorrecht des ersten Blicks gilt noch in der späten technologischen Zivilisation: wer als erster sieht, überlebt länger, im Straßenverkehr, in der Konkurrenz um Stellungen, im Spiel der Erotik.

Die Sinne sind Schlüssel zum Sein (Jünger, *Sgraffiti*, 89). Zum Sein, nicht zur Wirklichkeit. Auf diesen Unterschied kommt alles an. Wie im Leben, so in der Ästhetik. In den Sinnen, allen voran dem Auge, manifestiert sich, dass es etwas gibt; nicht, *was* es ist. Erblickt wird das Sein von Wirklichem. Dessen Wesen bleibt unsichtbar. Erst die Gestaltung seiner Wahrnehmung macht es für ein erkennendes Bewusstsein gegenständlich. Die Künste, die Gesehenes zur Sichtbarkeit von Wirklichem formen, konstituieren deshalb die kulturellen Grundphänomene. So kann es als Wesenserkenntnis des Wirklichen nur eine spekulative Metaphysik geben, aber keine empirische. Jede Wirklichkeit ist die Re-Konstruktion ihrer ersten Wahrnehmung durch ein sinnliches Vermögen im Bewusstsein.

Die Sinne sind Membranen zwischen Innen und Außen, zwischen Welt und Mensch. Die Demarkation, die Trennung eines Innen- von einem Außenbereich, ist das biologische Kennzeichen eines lebendigen Körpers. Die Sinne, die diese Trennung zugleich markieren und aufheben, indem sie Äußeres im Innenraum von Wahrnehmung und Bewusstsein bemerkbar machen, binden die Selbsterfahrung des Menschen an den Leib (Plessner, *Stufen*).

Die Erkenntnis ist auf den Blick angewiesen, der, nach außen gerichtet, sich in der bedenkenden Reflexion auf das Bild, das weckte, was er zu sehen bekam, nach innen wendet. Als Sicherstellung des Gesehenen im Bewusstsein ist das Verfahren der Phänomenologie die strengste methodische Nutzung des phylogenetischen Erbes der Physiognomie, die von der Art der Sichtbarkeit des Gesehenen auf dessen Wesen schließt. Weil das, was im Wahrnehmungsfeld des Auges und des Gehörs bemerkbar wird, potentiell eine Gefahr ist, muss das Bewusstsein die Unmöglichkeit identifizierender Erkenntnis des Wahrgenommenen überbrücken, indem es aus den Merkmalen des Bildes, das es im Sinnenbewusstsein weckt, Wesensmerkmale des Gesehenen synthetisiert, um eine Grundlage für die notwendige Entscheidung zu haben, das Wahrgenommene als Freund oder Feind zu behandeln. Das sinnliche Fortwirken seines phylogenetischen Erbes macht noch den späten Menschen zu einem unwillkürlichen Physiognomiker, der von den Formen des Sichtbaren auf dessen Eigenschaften schließt.

Schließlich wird für den Menschen allein gelten, was der mystische Theologe am Beginn der Neuzeit als Vollendung des Menschseins im Gottessohn als Menschensohn erscheinen musste. *Aus der Gestalt des Antlitzes und der Augen derer, die du sahest, schlossest du mit Wahrheit auf ihre inneren Empfindungen von Zorn, Freude, Trauer. Noch schärfer erkanntest du aus wenigen Zeichen, was im Geiste eines Menschen verborgen war (denn der Geist denkt nichts, was nicht im Angesichte, besonders in den Augen sich ausdrückt, denn es ist der Bote des Herzens). Weit richtiger als jeder erschaffene Geist erkanntest du nach diesen Zeichen das Innere eines Menschen. Aus einem unbedeutenden Zeichen erkanntest du die ganze Geistesrichtung, wie die Verständigen aus wenigen Worten den ganzen Gedankengang einer langen Rede, und Gelehrte aus einigen Blicken in ein Buch den ganzen Sinn des Schriftstellers erraten* (Nikolaus von Kues, »Sehen«, 274).

Es sollte eine der heikelsten Praktiken der ästhetischen Moderne werden, aus dieser Deutungsgestalt mystischer Versenkung eine Weise vernünftiger Erkenntnis gewinnen zu wollen (Kassner, *Weltbild*).

Licht

Die im Schein geborgene Wirklichkeit bedarf des Lichts, um aus der Verborgenheit ihres Seins in Erscheinung zu treten. In jedem Sinn. Im buchstäblichen der Physik ebenso, wie im übertragenen der Bedeutung.

Das doppelte Erbe des Impressionismus der malerischen Erforschung des Sehens und des reinen Bildes reiner Farbstofflichkeit, das der vorigen Generation noch fragwürdig erscheinen konnte, erweist sich für die nachfolgende als ideale Vorbereitung für die Aufgabe, die der Malerei von den Bedingungen der technischen Imagokratie gestellt wird.

Wie wenig es eine kunsthistorische Reminiszenz ist, an den Impressionismus zu erinnern, wird nicht ohne Erschrecken deutlich, sobald man bemerkt, dass die Zivilisation des technischen Bildes, das ein Bild gar nicht mehr ist, weil es kein eigenes Sein mehr besitzt, sondern seine Wahrnehmbarkeit ausschließlich dem Kunstlicht der Elektronik verdankt, jene absolute Herrschaft des Lichtes, von der der Impressionismus träumte, als elektromagnetische Vortäuschung einer Erscheinung, die es nicht gibt, installiert hat. *Die Geschwindigkeit des Lichtes siegt über dessen Reinheit. Dieser Sieg bedeutet etwas unerhört Neues: Die wichtigste Qualität einer Theorie oder Idee, ihr ältester Wert, ihre Klarheit, sieht sich überholt von der Geschwindigkeit, mit der sie sich durchsetzt. Pan oder Hermes tötet*

Panoptes: Die Schnelligkeit einer Nachricht ist wichtiger als die Luzidität eines Gedankens (Serres, *Sinne*, 57).

Dem Grad seiner persönlichen Distanz zu den Existenzunmittelbarkeiten entsprechend, bildet der Maler heute diesseits oder jenseits der digitalen Welt des Scheins. Gegen die Enteignung des Scheins durch die Technik gerichtet, sind die Gebilde einer zeitgenössischen Malerei materielle Ironisierungen des Scheins, der das Universum der technischen Illusionen regiert. Hinrichs' Bilder reinster Farbstofflichkeit wirken immer wieder auf ihren Betrachter, als wären sie optische Täuschungen, die sie nicht sind: ihr materialentsprungener Schein täuscht einen technoiden Schein vor, den es nicht gibt: die für die Betrachtung richtige Distanz in der Annäherung an die reale Leinwand erreichend, löst der erste Eindruck, auf ein überdimensionales Foto einer überdimensionalen Vergrößerung einer Flora zuzugehen, sich in einem Augenblick auf, der einen für einen kurzen Moment der Enttäuschung aussetzt, einem Betrug aufgesessen zu sein, den es gar nicht gibt, weil diese Bilder nichts anderes zu sein vorgeben, als sie sind. Das gerade macht ihre höchste ästhetische Qualität aus, als rein materielle Gebilde eine Wahrnehmungsintensität zu erzeugen, deren Stimmung in Bedeutungssphären überschießt, für die es keine Repräsentanten, auf die es nur Hinweise geben kann. Indem die(se) Malerei in ihrer materiellen Gegenständlichkeit nichts als das sein will, was sie konkret ist, ersetzt sie Darstellung durch Evokation. Damit gelingen ihr Verweisungen auf Bedeutungswirklichkeiten, die sich in keine ikonische Stellvertretung übertragen lassen.

Die als reiner Schein wirkende reine Materie der Malerei ist die Ironie auf den reinen Schein der immateriellen Bilder technischer Vortäuschung von Abwesendem oder Inexistentem.

Diese Wirkung entfalten Hinrichs' Malereien dadurch, dass sie Lichtflächen sind. Ihr Eigenlicht ist inkorporiert. Seit

Caspar David Friedrich und Philipp Otto Runge das Bildlicht nicht mehr aus dem Bildaußenraum bezogen, sondern es zur Funktion des Bildinnenraumes machten, den sie als Konzentrat einer Darstellung *des unbegrenzten Raumes auf den grenzenlosen Raum bezogen und als Darstellungen des den unbegrenzten Raum füllenden Lichts auf die grenzenlose Lichtfülle* (Schöne, *Licht*, 217), ist das Licht kein Mittel der Malerei mehr, sondern ihr Ziel. Durch die informelle reine Farbmaterialität vom Zwang der Darstellung befreit, kann das Licht zum phänomenalen Gehalt der Farbmaterie des Malens werden.

Damit löst das Eigenlicht der Malerei sich aus der Funktionalität des Sichtbaren, und wird zu einem Spielmaterial des Unsichtbaren. Das Scheinen der Bilder evoziert kein Erscheinen des Sichtbaren mehr, sondern des Unsichtbaren. Wie der Maler nichts sieht als das unter seinen Händen entstehende Bild, so sieht dessen Betrachter nichts als das gewordene Bild. Das Ungesehene aber ist der Grund des sichtbar Gewordenen. So ist jedes Bild ein Verweis auf alles, was nicht gesehen wurde, statt Zeugnis einer Sichtbarkeit.

Das Licht ist nicht nur *das einzige Mittel, durch das unser Wahrnehmungsvermögen imstande ist, über die Erde hinauszudringen, indem es als etwas trotz der irdischen Atmosphäre zu uns gelangendes hernieder* strahlt (Bauer, *Licht*, 23); es ermöglicht auch über diese geistige Transzendenz hinaus als Wirkung technischer Vorrichtungen die Immanenz einer Wahrnehmung der Wirklichkeit, die unter den rein natürlichen Bedingungen ihrer Sichtbarkeit unsichtbar wäre. Noch der Schein der virtuellen Bilder beruht auf der Elektrik ihrer Bildschirmsichtbarkeit. Der flimmernde Bildschirm ist die Metamorphose der ersten Gaslaternen, die die Nacht der Stadt in künstlichen Tag verwandelten.

Dem technischen Schein dessen, was nicht in Erscheinung treten kann, setzt die Malerei die materielle Erscheinung ihres reinen Seins entgegen. Damit kann ihr Licht zum Medium für eine Transzendenz werden, die es sonst nur im Denken gibt. *Das Licht überwindet den Tod des Menschen im Kunstwerk* (Bauer, *Licht*, 213).

Deshalb beginnt die Neuzeit, die eine Befreiung des Menschen von den Seinsverhängnissen beansprucht, deren äußerster Grenzwert die Hoffnung auf Überwindung des Todes sein muss, philosophisch mit Descartes Ontologie, die einer sich an den Bedürfnissen des Menschen ausrichtenden Erkenntnis der Welt die Erkenntnis des Lichts vorausschickt (Descartes, *Die Welt*). Die grandiose Strahlkraft ihres Lichtes sollte Apollinaire die moderne Malerei als die wagemutigste erscheinen lassen, die es je gegeben habe (Apollinaire, »Peinture«, 70).

Ethik der Anschauung

Moral versteht sich von selbst; Ethik muss begründet werden. Die ontologische Überschussdynamik der Imagokratie erfordert eine neue Ethik der Anschauung, die nur als eine Praxis des Bildens möglich ist. Die Wirklichkeit, die von jedem Bild ›gesetzt‹ wird, weil jedes unter dem unwillkürlichen Gebot der Repräsentation gesehen wird, beansprucht auch dann Verbindlichkeit, wenn es das, was es ›zeigt‹, nicht ›gibt‹. Das Bild hat einen ontologischen Mehrwert jenseits des Seins, auf das es sich bezieht. Auf diesem Mehrwert an seinslosem Sein beruht die Wirklichkeitsorganisation durch das virtuelle Bild in der imagokratischen Zivilisation. Der imaginative Seinsüberschuss des Bildes, der nicht imaginär ist, sondern wirkt wie ein reales Sein, reicht bis hin zur Verhängung des Nichts über alles, was seinem Bild nicht entspricht. Alle politischen Mythen der Gewalt sind ›visionär‹ (vgl. Nancy, »Images«, 78ff.). Heideggers Kritik an der ontologischen Gewalt des ›Weltbildes‹ war die unmittelbare Resonanz der visuellen Ausprägung totalitärer Politik, die nicht nur ihre ›Weltanschauungen‹ ästhetisch inszenierte, sondern ihre Wirklichkeitsmodifikationen nach der immanenten Gewaltstruktur des Bildes organisierte (vgl. Steffens, »Okkupation des Erhabenen«).

Dieses Wirklichkeitsverhältnis totalitärer Ideologie kehrt im Wirklichkeitsbezug der Zivilisation des virtuellen Bildes wieder, in der nichts existiert, wovon es kein durch Öffentlichkeit autorisiertes, allgemein verbindliches Bild gibt; nichts soll mehr sein, was seinem Bild nicht entspricht. Wie es im politischen Totalitarismus niemanden gab, dessen Existenz nicht durch einen gestempelten Pass mit Foto, das noch unschuldig genau ›Lichtbild‹ hieß, beglaubigt war, so gibt es im Universum des totalen Bildes niemanden, von dem kein durch jederzeitige Zugänglichkeit autorisiertes Bild existiert.

Mit seiner Formel einer ›Kunst kontra Ästhetik‹ hat Antoni Tàpies die Verpflichtung erfasst, die für den – im Sinne Cézannes – ›realisierenden‹ Bildkünstler darin liegen muss, der Verwirklichungsdynamik ideologischer Metaphorik entgegenzuwirken, Wirklichkeit nicht nur *im* Bild zu verstehen, sondern *nach* ihm auszuprägen.

Die Praktik einer reinen Malerei setzt ein Bild dagegen, das dadurch, dass es etwas ist, für nichts anderes zur Seinsbestätigung oder Nichtsverpflichtung werden kann. Indem das Bild des Malers nicht mehr ist als seine eigene Materialität, es kein Sein außer sein eigenes bestätigen oder verwerfen kann, manifestiert es das alleinige Gebot einer ontologischen Ethik, sich jeder Seinsverfügung zu enthalten.

Einen Arm tastend ins Leere vorgestreckt, geht Orion, der blinde Riese, auf einem Weg der aufgehenden Sonne entgegen, bei seiner Wanderung geleitet von der Stimme und den Hinweisen einer auf seinen muskulösen Schultern stehenden kleinen Gestalt (Simon, *Orion*, 31), bei der es sich um Kedalion handelt, den *Lehrmeister des Hephaistos, den Orion ergriff und auf seine*

Schulter setzte, damit der Kleine den Riesen der Sonne entgegenführe (Kerényi, *Mythologie*, 160f.), deren Erscheinen allein ihn von seiner Blindheit befreien konnte, mit der er, dem Ödipus ähnlich, als Sühne für eine ungeheure Schuld geschlagen wurde, deren Natur die mythischen Erzählungen ungenannt lassen, aber doch ausreichend andeuten, um in ihr ein Vergehen gegen den eigenen Ursprung zu vermuten.

Wer genau hinschaut, wird in Kedalion die Gestalt eines Artisten der reinen Malkunst erkennen, die den von ihrer totalen Sichtbarkeit geblendeten Zeitgenossen der technischen Imagokratie in die Welt zurückführt, die ihm als Grund seines Daseins verloren zu gehen droht, da er sie kaum noch wahrnimmt, weil er fast nur noch sieht.

Ästhetische Individualität, anthropologisch: Einer für alle

Er wolle anfangen zu spielen, sollen Günther Eichs letzte Worte gewesen sein. Als letzte Artikulation eines sich schon im Hinübergehen in den schlechthin anderen Zustand, von dem es nie eine Nachricht geben wird, befindlichen Bewusstseins, evozieren sie das gestalterische Grundvermögen des Menschen. Eine stärkere Bekräftigung der Urleistung des Spiels, Übergänge aus einem Zustand in einen anderen zu bewirken, ist kaum denkbar.

Das Leben ist ein Hasardspiel, in dem man keinen Zug rückgängig machen kann. Das Spiel der Kunst aber erlaubt die Wiederholung der Differenz (Kofmann, *Kindheit*, 158). Möglichkeit und Zwang des künstlerischen Prozesses zur Wiederholung sind dasselbe. Ein Bild strebt nach dem nächsten bereits, bevor es abgeschlossen wurde, weil das, was in es eingehen soll, von keinem einzigen allein in Vollendung erfasst werden kann. Lebenswerke sind keine Früchte des Fleißes, sondern Zeugen der Nötigung, immer noch einmal beginnen zu müssen. Etwas bleibt immer zu wünschen übrig. Der Rest, der nicht aufgeht, ist der Ursprung jedes folgenden Werkes. Das Bessere als Ziel des Anderen ist die Ursache des Neuen.

Die idealistische Ästhetik begriff diesen anderen Zustand als Selbstvollendung des Menschen; die romantische bekräftigte diese anthropologische Dynamik der Ästhetik, indem sie die Kunst als eine Menschwerdung verstand.

Dazu wird sie durch die Herstellung blinder Spiegel. Ihre Werke betrachtend, sehen wir nicht uns, aber das, was macht, wie wir sind: durch ihre Gestaltung verwandelte Bedingungen unseres Daseins. Was wir als wir selbst sein können, können wir nur durch die Kraft der Verwandlung sein, durch Modifikation.

Das Bild des Malers ist das Dokument einer Verwandlung diffuser Stoffe zu einem bestimmten Gegenstand, in dessen Herstellung der Mensch, der sie vollzieht, ganz bei sich ist, weil er währenddessen ausschließlich an und in dem denkt, was er tut, an sich dabei aber gar nicht.

Die vollkommene Unwillkürlichkeit der Selbstentäußerung im künstlerischen Prozess macht dessen Hervorbringungen zu anthropologischen Dokumenten. Ästhetische Zustände sind Zustände eines Menschseins.

In den Gestaltungen des künstlerischen Prozesses wandelt die individuelle Erfahrung, die ihn im Künstler in Gang setzte, sich zu einer menschlichen Erfahrung. Indem es *einem* gelingt, zu vergegenständlichen, was er erfährt, entstehen Zeugnisse dessen, was ihre Existenz *allen* zu erfahren aufgibt. In diesem unkalkulierbaren Prozess der Verwandlung subjektiver Akte persönlicher Intimität in objektive Dokumente des Existierens liegt die Bedeutung der Kunst, und die Berechtigung ihrer gesellschaftlichen Institutionalisierung.

Der Akteur der – zuerst in einem Aufsatz von 1908 von Apollinaire so bezeichneten – ›reinen‹ Malerei ist der Mensch, der sich mit leeren Händen und allen Sinnen und Vermögen seines reinen Körper-Seins der Verstörung des Daseins aussetzt: der sich, gestützt auf nichts als sich selbst, gegen die Urfremde des Daseins zu behaupten sucht, indem er ein reines gegenständliches Sein hervorbringt, an dessen Existenz das Sein der Welt unbeteiligt ist, das nur deshalb entsteht, weil es seinen Urheber gibt.

Das Bild schließt den Graben zwischen Dasein und Sein, indem es die Welt um einen Gegenstand erweitert.

Diese Erweiterung ist *der* kulturgenetische Grundvorgang, der permanente Prozess, eine Zone zwischen Existenz und Sein herzustellen, eine Sphäre unbeeinträchtigten Menschseins, in der die Verstörung durch die Urfremde der Welt wenn auch nicht aufgehoben, so doch ausgesetzt ist. Erst als der Künstler, der (s)eine Welt zwischen Dasein und Sein setzt, erlangt der Mensch sein Menschsein als eine Seinsform, die von der Natur, die ihn ›entließ‹, weder vorgesehen, noch vorbereitet wurde.

Deshalb repräsentiert Kunst nicht. Sie steht nicht für eine schon existierende Wirklichkeit; sie bringt hervor, was als Wirklichkeit eines Menschen ›da‹ sein kann. Keine Malerei kann ein ›Abbild‹ schaffen; alles, was sie erzeugt, sind Setzungen, in deren Spiegel ein Dasein sich als wirklich und als Teil der Wirklichkeit erfahren kann, auf deren Manifestationen zu reagieren es hervorbrachte.

Die ›reine‹ Malerei ist das gewagteste Modell einer Erzeugung von Gewährleistungen unbeeinträchtigten Menschseins. Als *ein einfaches Spiel, das Analogon nicht einer göttlichen Schöpfung, sondern einer der unzähligen ›Versuche‹ der Natur ist, die keinem Zweck, sondern dem Zufall und der Notwendigkeit allein gehorcht* (Kofmann, *Melancholie*, 34), wird das pictopoietische ›Spiel‹ der Malerei, deren Bilder es als die Gegenstände, die sie in ihrem besonderen Sein als mentalstoffliche Komplexion sind, nur gibt, weil es die Existenz ihrer Urheber gab, die sie in dem Zustand und in dem Moment, in dem sie aus ihr hervorgingen, bezeugen, zu einem Akt jener Welterzeugung, in dem das menschliche Dasein sich gegen die absolute Neutralität des Seins behauptet. Als Zufallsspiel des Seins ins Dasein gekommen, gewinnt der Mensch mit jedem, der geboren wird, seine Existenz, indem er mittels der Vermögen seiner aus Leib, Seele und Bewusstsein zusammengesetzten Konstitution Notwendigkeiten hervorbringt, die es ohne ihn nicht gäbe. Das Kunstwerk ist die reinste Gestalt einer Notwendigkeit, die das Repertoire der Welt zu ihrer ›Bewohnbarkeit‹ erweitert, die aus dem Lebensprozess eines Individuums entsteht, das seine Erfahrung unter Einsatz aller seiner Vermögen in bedeutungsvolle Gegenstände übersetzt. Es ist Zeugnis und Selbsthervorbringung eines selbstbewussten Daseins zugleich. Als ein reines Menschenwerk eröffnet das Kunstwerk den Spielraum des Menschseins gegen die in einem unergründlichen Sein verschlossenen Bedingtheiten des Daseins.

Seiner metaphysischen Unterwürfigkeit unter den absoluten Vorrang des uneinholbar Absoluten, dem er nicht nur sein eigenes Denken unterwarf, entgegen, hat der vollkommen amusische Heidegger als Anthropologe wider Willen mit seiner Lehre vom Menschen als dem ›weltbildenden‹ Wesen das ontologische Scharnier zwischen Dasein und Existenz freigelegt: der Mensch kann leben nur, indem er dem Zufall seines Daseins die Notwendigkeit seiner Werke entgegensetzt.

Die Philosophie verdoppelt die Natur durch eine Welt, die nach dem Ebenbild des Menschen geschaffen ist und ihm erlaubt, das Unerträgliche zu ertragen (Kofman, *Melancholie*, 78). Dazu aber ist sie erst befähigt, seitdem – und nur so lange wie – es die Verwandlungsleistungen der Künste gibt, die aus dem Wesen, das sein Dasein als Zufallsprodukt des Seins erfährt, einen Schöpfer notwendiger Dinge machen.

Jenseitsraum der Verwandlung: Transzendenz

Die Wahrheit des Seins ist unsichtbar; denn sein Schöpfer tritt vor kein Auge. Sichtbar ist das Werk, nicht sein Ursprung. Wir sehen, was in der Welt ist, nicht die Welt.

Ein Narr ist, wer zu hoffen wagt, daß unsre / Vernunft durchlaufen kann die ewigen Wege, / Auf denen dreigestalt ein Wesen wandelt. / Ihr Menschen müsset euch am Daß begnügen; / Denn wenn ihr alles hättet sehen können, / So hätt' Maria nicht gebären müssen (Dante, *Göttliche Komödie*, II, Dritter Gesang, 34–39).

Die Wahrheit der Erlösung muss sich erst verkörpern, inkarnieren, ins ›Fleisch‹ eines Menschen als Mensch eingegangen sein, um sichtbar zu werden, wie ein Mensch dem anderen sichtbar ist.

Seine Erlösungsbedürftigkeit macht den Menschen als sehendes Wesen blind für seine Welt: das Heil leuchtet ihm aus deren Jenseits. Der Vorschein des Heils verdunkelt die Wahrheit des Daseins als Schein der Welt. Für eine für die Moderne so paradigmatische Figur wie Paul Klee wurde *das Spiel des Künstlers ein Weg zum Heil* (Kofman, *Kindheit*, 154).

Die Utopie des Realismus beruht auf dem Zeitkern der Transzendenz. Eine Seinsform überschreiten heißt, aus einer Zeit in eine andere oder in den Zustand der Zeitlosigkeit wechseln. Wie der Tod die Zeit in die Welt brachte, so ist seine Überwindung das Werk einer Beendigung aller Zeiten (Pieper, *Ende der Zeit*). Eschatologie ist Apokalyptik. Diesseits der Transzendenz herrscht das Régime der Knappheit, der ›Frist‹ (Taubes, *Eschatologie*; Weinrich, *Knappe Zeit*).

Die Verheißung einer Erlösung des Lebens zielt im Gedanken an ein Jenseits zwar auf ein anderes Sein an einem anderen Ort; erreicht aber wird sie erst im Ende der Zeit.

Im gemalten Bild findet die Zeit, die es braucht, es zu herzustellen, ihr Ende. Das Gemälde ist zeitlos, solange es als ein Gegenstand in der Welt ist. In diesem Paradox ist es ein Fenster in ein Jenseits der Wahrnehmbarkeit. Es wird geöffnet, indem eine Wahrnehmung gestaltet wird. Indem es zeigt, wozu eine Wahrnehmung im produktiven Bewusstsein dessen wurde, der sie hatte, weist sie hinaus über das, was sie in ihm weckte. Das Bild transzendiert seinen Ursprung. Deshalb ist es in der Gestalt des Portraits eines der dauerhaftesten kulturellen Phänomene. Im Portrait erlangt Dauer über den Tod hinaus, wen immer es zeigt.

In überwältigender Evidenz manifestiert Hans Holbeins d.J. Portrait von Charles de Solier, Sieur de Morette (1535), von dem Karoline Schlegel 1799 schrieb, wenn *es jemals ein Portrait auf ewige Dauer gegeben, so ist es dies* (Marx/Weber, *Gemäldegalerie Dresden*, 119; Abb. 120), die ontologische Transzendenz des Kunstwerkes. Solange es existiert, als Gegenstand in der Welt ist, wird sein Betrachter den in die endgültige Entrücktheit des Verschwundenseins aus dem Dasein als einen lebendig Anwesenden erfahren. Es betrachtend, wird man von einem Menschen betrachtet, den es seit Jahrhunderten nicht mehr gibt. Den Schrecken, den das Unmögliche in seinen Betrachter einsenkt, von einem Toten lebendig angesehen zu werden, weckt die Unmöglichkeit dieser ästhetischen Verwandlungsleistung ebenso wie die Eiseskälte der Herkunft dieses Blickes aus einer unendlichen Todesentrückung.

Die Transzendenz des Malers ist der Raum, in dem sein Bild entsteht. Für ihn gibt es so lange keine Wirklichkeit, wie es dauert, ein Bild anzufertigen. Das Bild ist die Wirklichkeit der Malerei. Die Wirklichkeit des Malers verschwindet in demselben Moment, in dem er zu seinen Materialien greift, und die Wirklichkeit der Malerei zu erscheinen beginnt. Nun kommt es darauf an, dass er sie sieht, um sie als Bild sichtbar werden lassen zu können.

5 »Nachklang«

Dann kann seine Malerei den Zauber einer Vergegenwärtigung des endgültig Abgeschiedenen wirken.

Frank Hinrichs gelingt es in dem Bild, das in einem buchstäblichen Sinn ein *Geschenk an die Mutter* ist, als welches das Kunstwerk im ödipalen Geflecht der Behauptung einer Existenz gegen die Herkunftsbedingungen ihres Daseins erscheinen kann (Kofman, *Melancholie*, 33).

Die Anverwandlung der Handschrift einer Toten ist die gestische Mimesis ihrer stellvertretenden Aneignung. Der Sohn nimmt das Leben seiner Mutter, das endete, in der lebendigen Gestalt ihrer individuellsten Äußerung in die eigene Hand. Diese Orpheusgeste des Zurückholens eines Gewesenen verwandelt den Maler in den Nachschöpfer eines gewesenen Seins. Die stoffliche Spur einer Handschrift, die es nicht mehr geben kann, die in ihrer lebendigen Anverwandlung noch einmal realiter erscheint, wird zum wirklichen Bild einer endgültigen Abwesenheit.

Die Wirklichkeit der Malerei geht durch den Maler hindurch, während er sein Bild gestaltet. Es wird zeigen, was ihn erfüllte, während er malte. Der Maler ist das Instrument, mit dem die Malerei ihre Wirklichkeit hervorbringt.

Über Balthus nachdenkend, hat Sarah Kofman die Malaise der Ästhetik beschrieben. *Über Malerei zu schreiben, ist immer paradox, denn ihre ganze Kunst besteht gerade darin, die Dinge den Wörtern, den Menschen das Wort zu entziehen, um sie nur abzubilden, sichtbar und dadurch unbenennbar zu machen. Die Kraft des Figurativen, die ihm eigene Macht liegt darin, zum Schweigen zu zwingen, den faszinierten, vom Blick der Medusa gebannten Betrachter sprachlos zu machen* (Kofman, *Melancholie*, 91). Ihren Verständniswillen auf die Kunst richtend, kann die Philosophie die eigene Konfrontation des Erkenntniswillens mit der absoluten Fremdheit des Seins nicht übergehen, sondern muß ihre eigene Wahrnehmung des Kunstwerkes genau im Spiegel dieser Urfremdheit, für die es zwar viele

Namen und Bezeichnungen, aber keine Lösung durch Bestimmung geben kann, vollziehen. *Darum ist die Schönheit niemals frei von Melancholie: Sie trägt gleichsam Trauer um die Philosophie.* Denn diese weiß, dass jenes Sein, zu dem sie in den Gestaltungen seiner Wahrnehmungen im Wirklichen Zugang sucht, selbst für jede Erkenntnisanstrengung unzugänglich bleiben muss. Die erste Einsicht ist die Summe aller möglichen Einsichten: durch Erkenntnis nicht ergreifen zu können, dessen Erfahrung zur Erkenntnis nötigt. *Bei der Kunst geht es nicht um eine einfache Arbeit des Negativen, sondern um die von keiner überwindenden Dialektik aufhebbare Trauerarbeit* (Kofman, *Melancholie*, 20).

Mit ihrem Werk bezeugt eine Existenz sich selbst für sich. Der objektive Gegenstand, den die produktive Selbstvergegenständlichung einer Subjektivität hervorbringt, enthebt die Existenz, die sich in ihm spiegelt, aus der doppelten Dunkelheit ihrer Herkunft und ihres Endes. Wir wissen nicht, woher wir kommen, noch, wohin wir gehen; nichts wissen wir von dem, was war, bevor wir waren, noch von dem, was sein wird, wenn wir nicht mehr sein werden; was wir wissen können, ist, was es gibt, weil wir sind. Im Werk, in dem wir uns als dessen Urheber wiedererkennen, erlangen wir die Freiheit von jenem Unverfügbaren, das über unser Dasein verfügt.

Mit ihrer phylogenealogischen Anstrengung, die Seinsdunkelheit unserer Herkünfte aufzuklären, hat die Metapsychologie der Psychoanalyse die Selbstaufklärung der Erkenntnis bisher am weitesten an die Grenze zum Unverfügbaren vorgeschoben. *Wie bei den ›Primitiven‹ ist der primäre Narzißmus vor allem durch die Suche nach Unsterblichkeit und damit nach absoluter Selbstgenügsamkeit gekennzeichnet, das heißt durch das Streben, selbst sein eigener Erzeuger, causa sui, zu sein. Der Künstler ist dieser vielbewunderte Held, dem es gelang, den Vater zu ›töten‹. Das Streben nach Unsterblichkeit und das, erste Ursache zu sein, sind korrelativ* (Kofman, *Kindheit*, 166);

aber *beide Male geht es* gerade nicht *darum, den Menschen zu einem Gott zu machen, was gleichbedeutend damit ist, an die Stelle des Vaters zu treten.* Die Besetzung der Vaterstelle als Verwandlung der Dunkelheit der Herkünfte in die helle Klarheit der Selbsthervorbringung dessen, der etwas herstellt, das es nur deshalb gibt, weil er existiert, ist die Übersetzung der ›Urszene‹ der *Präsenz des Vaters*, der absoluten Unverfügbarkeit der eigenen Daseinsbedingungen, in die anthropologische Urszene der Produktion eines Weltgehaltes, der die Selbstmächtigkeit einer Existenz in der erreichten Distanz von den unverfügbaren Bedingungen ihres Daseins durch die Erfindung einer unbezweifelbaren Wirklichkeit, einer Entität bezeugt, deren Ursache ihrem Urheber eindeutig zurechenbar ist. Als Künstler, dessen Werk die Welt erweitert, gewinnt der Mensch seine Selbstmächtigkeit, die die unabänderlichen Bedingungen seines Daseins ihm ebenso bestreiten wie seine Endlichkeit. Das Werk entzieht die Existenz der doppelten Unerträglichkeit der Nachwirkung des Noch-nicht-Seins und der Vorwirkung des Nicht-mehr-Seins. Der Mensch existiert in der Übergangszone nach dem ersten der Geburt, und vor dem zweiten absoluten Übergang des Todes.

Jenseits im Dasein: Mythen

Mythen sterben durch Transformation ihrer Gehalte; in der Erschöpfung ihres Transformationspotentials geht ihre rhetorische Dynamik in ein anderes Medium über, vorausgesetzt, ihre Thematik bewahrt einen Aspekt des Menschseins. Sie *wahren damit eine Art Prinzip der Erhaltung der mythischen Materie, nach dem aus jedem Mythos stets ein anderer Mythos hervorgehen kann* (Lévi-Strauss, »Mythen sterben«, 287). Das ist möglich, weil ihr Strukturprinzip die Transition, die Metamorphose ist. Kein Mythos ohne Erzählakt einer Verwandlung.

Wie lässt ein Mythos sich in der nachtranszendenten Welt darstellen? Nicht durch Be-Bilderung seiner Erzählung, sondern durch Struktur-Analogie: durch die Bildung der Weise, wie er durch Erzählung darstellt.

Kein Mythos erklärt etwas; aber seine Erzählungen lassen Unbegreifliches verstehen. Sie sind Partituren des Bedeutens.

An die Stelle des Mythos tritt *jene Musik, wie sie mit Frescobaldi im frühen 17. Jahrhundert und mit Bach im frühen 18. Jahrhundert in der westlichen Zivilisation aufkam, eine Musik, die ihren Höhepunkt mit Mozart, Beethoven und Wagner im 18. und 19. Jahrhundert erreichte*. In Wagners *Ring* vollzieht sich die reinste Wiederkehr mythischer Strukturen (Lévi-Strauss, *Mythos und Bedeutung*, 57–67; 59; 59–61).

Stoff der Verwandlung – Materie des Scheins

Menschen sind Wesen des Übergangs. ›Der‹ Mensch hat kein Sein, nur Seinszustände. Das Wesen, das sich als Mensch begreift, ist in Situationen; in ihnen wird er zu dem, der er zu sein bestrebt ist, indem er sie als Wirklichkeit des ihm Gemäßen oder Ungemäßen erfährt. Der Mensch existiert als Chamäleon seiner Lebenslagen.

Darin gründet biologisch die Abstimmung seiner Sinnesvermögen aufeinander, und ästhetisch die *permanente Grenzüberschreitung und Ausfransung der Künste* (Adorno, *Musik und Malerei*, 20). Ihre Grenze finden sie an der ontologischen Disproportion der Sinne: gehört wird anderes, als gesehen. Seine Sehnsucht hörbar machend, setzt Orpheus den Tod Eurydikes aus; ihren Gegenstand ansehend, bekräftigt er ihn. Hören erweckt, Sehen macht vergehen. Hörbar machen ist dem Leben, Gesehenwerden dem Tod zugeordnet.

Der Gestaltwandel erwirkt keinen Aufschub des Todes; er vervielfacht ihn zu wiederholten, ineinander übergehenden Weisen des Vergehens.

Den Maler versetzt dies in einen permanenten Zwischenzustand. Seine Sphäre erstreckt sich zwischen ›Hades‹, dem ›Unsichtbaren‹ und ›unsichtbar Machenden‹, und ›Helios‹, dem ›Sichtbaren‹ und ›sichtbar Machenden‹ (Kerényi, *Mythologie*, 182).

Wie immer ein Maler als Person denken mag; Malerei wird in Farb-Stoffen (g)e(r)dacht. Malerei ist die Ver-Wandlung eines Daseins, das in seinem Denken nicht aufgeht, in Farbe und Stoff. Im Akt des Malens geht das Denken über in die Farbmaterien des Erscheinens der Malerei. Ihr Medium ist ein Dasein, das seine Selbstvergegenständlichung erstrebt, indem es sie hervorbringt.

Als Kunst des Scheins, dessen Erzeugung den einzigen Zugang des erfahrenden ›Ich‹ zu seiner ›Wirklichkeit‹ bietet, ist die Malerei ein Handwerk, Stoffe so zu manipulieren, dass sie zu Medien des Sichtbarmachens werden können. Mit dem Ende eines jeden naturalistischen Realismus' musste die Malerei zum praktischen Experimentierfeld der Erkundung ihres möglichen Anteils an der Erzeugung von Schein werden. Malen heißt seitdem, zu erforschen, wie Malen funktioniert.

Ein Maler ist ein Erkenntnisforscher, der versucht, mit Farbstoffen Malerei als Mittel zur Herstellung visueller Wirklichkeiten zu erfinden. Das aus dem experimentellen Prozess des Malens entstehende Bild materialisiert eine Erfahrung durch die Zubereitung bestimmter Stoffe, die sich als dafür besonders geeignet erweisen. Die als der Gegenstand Gemälde hergestellte Sichtbarkeit ist die Übersetzung einer Vision in einen Zustand von Stoffen, deren Wahrnehmung die Vision anderen als Bild sichtbar werden lässt. Indem die Bilder, die sie hervorbringt, etwas sichtbar machen, was sich sehen lässt, ist die Malerei eine Erforschung des Wirklichen daraufhin, wie es

Gegenstand und Inhalt eines Bildes, einer materialisierten Vorstellung sein kann. Mit jedem Versuch zu einem weiteren Bild stellt die Frage sich aufs Neue, wie es möglich sei, eine Erfahrung so zur Sichtbarkeit zu materialisieren, dass diese Materialisation Aufschluss über die Wirklichkeit geben kann, deren Wahrnehmung den Impuls weckt, dieses Bild herzustellen. Bilder sind die Schlacken eines existentiellen Wahrnehmungsprozesses, zu dem die Unbekanntheit der Wirklichkeit das Dasein zwingt, das sich in ihr befindet.

Eine Fläche farbstofflich so zu modifizieren – einen Bildträger mit Farbe so zu bedecken –, dass Räumlichkeit ohne die optische Vortäuschung eines Raumes entsteht, ist das Ziel einer reinen Malerei, die als Erforschung des Malens mit dem Zweck betrieben wird, Erkennen durch Wahrnehmen zu verstehen. Sie ersetzt die perspektivische Manipulation des Auges durch eine farbstoffliche. Sie will im Betrachter keine bestimmte Vorstellung wecken, sondern ihn in einen Zustand des Wahrnehmens versetzen, indem er an sich erfährt, was Wahrnehmen bedeutet: die Verwandlung eines Seins zur Anwesenheit in einem Dasein. Die reine Malerei macht aus den Stoffen der Farben Dinge der Sichtbarkeit. Damit erweitert sie die Welt der Gegenstände, die unser Leben ermöglichen und organisieren (Arendt, *Vita*, § 23: »Die Beständigkeit der Welt und das Kunstwerk«, 154ff.).

Dabei ist keinerlei Illusionismus im Spiel, nichts wird vorgetäuscht. Stattdessen entstehen Gegenstände, deren ästhetischer Zustand ihre Betrachter in einen Zustand der Erfahrung des Wirklichen versetzt. Nichts lässt sich so erfahren, wie es ist; alles muss in einen Zustand seiner Wahrnehmbarkeit versetzt werden, um als Bestandteil der eigenen Welt bemerkt werden zu können. Diese Verwandlung geschieht in jedem künstlerischen Akt, dessen Ereignis ein gewandelter Gegenstand ist.

Das Ziel ist ein Bildzustand, in dem die Wahrnehmung eines Gegenstandes übergeht in das unbestimmt-unbestimmbare Erscheinen eines Eindrucks von etwas, das nicht anwesend ist –: den Betrachter einer visuellen Affektion auszusetzen, wie von Geisterhand berührt.

Hinrichs' Malereien schicken als Sehnsuchtsbilder den Betrachter in diese Grenzregion der Verwandlungen. Ihre höchste malerische Qualität bezeugt ihre Aura. Das Ding Bild bleibt es selbst, und wird doch zum Katalysator einer sinnlichen Erscheinung von etwas, das es weder ist, noch sein kann, das abwesend bleibt und unbestimmbar.

So sehr *sind* sie reine Oberfläche, dass sie keine *haben*: ihre zum Farbpuder verminderte Feinststofflichkeit müsste durch jede Berührung, noch die behutsamste, beschädigt oder zerstört werden. Sie verfügen genau über gerade noch so viel Materie, wie erforderlich ist, um ihren Dingcharakter zu wahren, und ihn in der strahlenden Luzidität ihrer Erscheinung im Bewusstsein des Betrachters, der sich ihrem Eindruck überlässt, phänomenal an die Grenze der Aufhebung zu treiben.

Hören und Sehen, Ton und Farbe

Kein Schriftsteller wird ein Stilist, der nur auf die Bedeutungen seiner Worte achtet, und nicht auch auf ihren Klang. So waren es immer wieder Schriftsteller, die auf die ästhetischen Analogien zwischen Malerei und Musik aufmerksam wurden. 1893, zu Beginn der Moderne, fand Hugo von Hofmannsthal Anlass, zu betonen, *daß die Kunst der Farben an Gewalt über die Seele gleich ist der Kunst der Töne, daß in Bildern, wie in den wundervollen Werken der Musik, Offenbarung und Erlebnis enthalten ist* (zit. n.: Hofmann, »Beziehungen«, 82). Was bei Hofmannsthal noch eine Werbung beim musikseligen Wiener Publikum war, machte Kandinsky als erster Dogmatiker der malerischen Moderne als *tiefe Verwandtschaft der Künste überhaupt und der Musik und Malerei insbesondere* zu einer ihrer programmatischen Leitlinien (Kandinsky, *Das Geistige*, 66; vgl. Karin von Maur, Hg., *Vom Klang der Bilder. Die Musik in der Kunst des 20. Jahrhunderts*, München 1986, korrigierte Ausgabe 1994/1996; darin: Jelena Hahl-Koch, »Kandinsky, Schönberg und der ›Blaue Reiter‹«, 354–359).

Der extreme Gegenpol zur immateriellen Leichtigkeit des erklingenden Tons als ›Stoff‹ der Musik ist die reine Materialität der Farbe als ›Stoff‹ der Malerei. Nichts könnte einander weniger gleichen. Den Skandal der Unvergleichbarkeit von Musik und Malerei will der hörende Maler Frank Hinrichs nicht gelten lassen. Mit dieser Weigerung steht er im Einklang mit der äußersten Folgerichtigkeit einer reinen Malerei der Farbmateriegestaltung, die nichts anderes war als die entschlossene Ausprägung der stärksten Tendenz des Impressionismus.

Die letzten Ergebnisse des Impressionismus (Bonnard, Vuillard) zeigen schon einen Verzicht auf Form und Umriß (in beiden Fällen ein Aufflammen, reine Spiegelung, pantheistische Vereinigung mit dem Licht), und die Auflösungen der Bilder heutiger Maler lassen sich mit diesem Spätimpressionismus in Beziehung setzen. Es handelt sich indes um eine Überwindung des Impressionismus, der ja in seiner Essenz fast zur Musik wurde. In einigen abstrakten Bildern jüngerer Zeit finden wir diese Musikalität wieder, obwohl sie den Stempel des Konventionellen trägt. Bazaine, Manessier und de Staël – um nur die bekanntesten zu nennen – wollen nicht ein wirkliches Abbild oder eine sinnliche Wirkung auf die Leinwand setzen, sondern eine ›Überrealität‹ fixieren, die nicht ausschließlich physisch, also mit dem Auge wahrnehmbar, sondern eine geistige Ausstrahlung ist – der unmittelbare Eindruck einer transzendierten Wirklichkeit außerhalb der möglichen Darstellung, die wiederum bildnerisch als intellektueller Vorgang realisiert wird (Saura, *Raum und Geste*, 42).

Mit der reinen Farbmateriemalerei lässt das Bild die Illusion eines tatsächlich unbetretbaren Raumes endgültig hinter sich, und wird zu einer materiellen Fläche, die aus ertastbaren Farbgeologien gebildet ist.

Im Bildding der reinen Malerei materialisiert sich etwas, das keine stoffliche Anwesenheit in der Realität des Daseins hat, und dennoch dessen Selbstgewissheit trägt: als Voraussetzung der Seinsteilhabe an dem, was man nicht ist, und wozu man dennoch gehört.

Wenn die Musikalität der Malerei mehr als eine metaphorische Analogie ist, eine rhetorische Figur willkürlich-zufälliger, meistens extemporierter Titelfindung ihrer Urheber oder ihrer ratlosen Beschreibung durch eine Kunsthistorie, deren hergebrachte Kategorien die neuen malerischen Phänomene nicht mehr erfassen, dann muss sie in einer Strukturanalogie, in einer fakturalen Homologie liegen: Malerei ist wie Musik eine Anweisung zur Vergegenwärtigung ungegenständlichen Seins.

Die Konvergenz von Musik und Malerei (...) vollzieht sich im Sagen selbst, nicht im Gesagten. (...). In Malerei kann die Spannung des Momentanen anders als musikalisch, also mit zeitlichen Wendungen, nicht genannt werden. Indessen ist Musik wahrscheinlich, ihren empirischen Voraussetzungen nach, als innerräumliche sinnfälliger auf den Raum bezogen als Malerei auf die Zeit (Adorno, *Musik und Malerei*, 16; 17f.).

So sehr die reine Farbmaterie-Malerei Gegenstände, Dinge, erzeugt, so immateriell ist die Sphäre der Bedeutung, aus der ihre Produktion sich ebenso speist, wie ihre Hervorbringungen in sie zurückstrahlen. Das letzte Werk reiner Bewusstseinsanstrengung, das der Erfassung des Ungreifbaren gewidmet war, Heideggers späte Seinspoetik, kreiste in seinen letzten Anläufen deshalb zwingend um das Problem des ›Dings‹, in dem das Problem des ›Realen‹ kulminiert.

Wie die Partitur einer Musik eine zeichenförmige Anweisung zur Erzeugung einer geordneten Folge von Tönen ist, so ist diese Malerei eine stofflich geordnete Anweisung zur Imagination immaterieller Wirklichkeiten als realen Bestandteilen der menschlichen Lebensvollzüge.

Die Selbst-Präsentation der Malerei vollzieht in Hinrichs' Bildern eine Darstellung kultureller Elementarstrukturen: dessen, was wirkt, ohne anwesend zu sein. Sie zeigen in Stofflichkeit verwandelte Bedeutungen, die dem Bewusstsein zugrunde liegen, ohne von ihm erfasst zu sein. Wie ein Mythos vom Uneinsehbaren erzählt, um an dessen Unverständlichkeit nicht verzweifeln zu müssen, weil es als mit der Daseinsmöglichkeit im Kern verwoben erfahren wird, so muss die Malerei Veranschaulichungen des Uneinsichtigen herstellen, um für die Sichtbarkeiten des Notwendigen nicht blind zu werden.

Als Gestaltungen immateriellen Seins liegt die Strukturanalogie zwischen Musik und Malerei anthropologisch darin, dass sie beide Anweisungen auf die Imaginationen von Ungreifbarem geben, dessen auf das Dasein einwirkende Anwesenheit in der Welt nicht missachtet werden kann, ohne die Möglichkeit des Menschseins zu beeinträchtigen. Als Sinnformungen durch Gestaltung von Sinneninhalten werden Musik und Malerei als Partituren zur Verdichtung von Hören und Sehen zu Sinn und Bedeutung realisiert.

Schrift – Bild

In der Hierarchie des Scheins steht das Bild über dem Wort. Das setzt voraus, in ihm weniger Illusion am Werk zu sehen, als im geschriebenen oder gesprochenen Wort. Obwohl es ›Betrug‹ ist, behauptet das gemalte Bild den Vorrang gegenüber der Literatur. *In einem gemalten seelenvollen Auge steckt mehr Seele, als in allen aufdringlichen Dichtungen zusammengenommen – und welch ein Betrug ist noch dieses gemalte Auge!* (Heimann, »Dr. Wislizenus«, 141).

Die Literatur bedarf zwar der Materialisationen des Papiers, auf dem sie geschrieben, des Buchs, in dem sie verbreitet wird, bleibt als Transporteur von Bedeutungen aber unstofflich; die Malerei dagegen ist eine Kunst der Illusion unter Einsatz von Stoffen. Die Bedeutungen, die sie im Betrachter aufruft, sind Umsetzungen des unmittelbaren sinnlichen Eindrucks, den die Artung ihrer Stofflichkeit weckt. Das Gemälde ist ein materielles Objekt; das Gedicht, der Roman, die Erzählung sind immaterielle Anweisungen an die Imagination des Lesers. Der Betrachter eines Gemäldes sieht ein Stück materialisierte Fantasie; der Leser eines Buches vernimmt die innere Resonanz der Wortbedeutungen der Schrift. Literatur gibt es nur im Akt ihrer Re-Produktion in der Einbildungskraft ihrer Leser; ein Gemälde ist ein Ding, das an seinem Aufbewahrungsort als Gegenstand wahrgenommen werden kann. Seine Existenz ist unabhängig von seinen Betrachtern. Sein Vorrang ist ontologisch.

Dagegen rebelliert die Schrift, indem sie die Verständigung über Bedeutungen monopolisiert. Mag ein Bild ein vom Wort unabhängiges Ding sein; was es bedeutet, wird erst in der Schrift ausgesagt, die es interpretiert. Das Bild zeigt etwas, die Schrift nennt, was.

Jeder Satz will etwas sagen, das durch einen anderen Satz gesagt oder geklärt werden kann. Folglich ist der Sinn oder die Bedeutung ein ›Sagenwollen‹. Oder auch: ein Sagen, das auf andere Weise gesagt werden kann. Der Sinn des Bildes hingegen ist das Bild selbst: es kann nicht mit anderen Worten gesagt werden. Das Bild muss sich selbst ›erklären‹, ohne doch Erklärungen zu enthalten. Als ein Sein, das nichts bezeichnet, bedeutet es sich selbst. Weder bedarf es erklärender Worte, noch könnte es sie geben. *Nichts außer ihm kann sagen, was es sagen will. Sinn und Bild sind dasselbe. Ein Gedicht hat nicht mehr Sinn als seine Bilder. Wenn wir einen Stuhl sehen, erfassen wir augenblicklich seinen Sinn: ohne daß es nötig wäre, das Wort zu Hilfe zu nehmen, setzen wir uns auf ihn. Dasselbe ist der Fall beim Gedicht: seine Bilder führen uns zu nichts anderem, wie das bei der Prosa geschieht, sondern sie konfrontieren uns mit einer konkreten Wirklichkeit* (Paz, *Der Bogen*, 139f.).

Selbst unsichtbar, überbrückt das im Menschenleben wichtigste Schrift-Bild das Nichtsehenkönnen: die Blindenschrift. Sie vollzieht eine doppelte Verwandlung, indem sie den Buchstaben Zeichen zuordnet, und diese plastisch erhaben aus einer Oberfläche heraushebt, um sich ertastbar zu machen. So kann der zeichengebundene Sinn durch die Sinne wandern.

Im Horizont der frühneuzeitlichen theologischen Erbschaft der Anthropologie betrachtet, ist die Malerei eine Blindenschrift des Geistes, der erkennt, das Sein des Wirklichen, das er zu entschlüsseln strebt, nur wahrnehmen, aber nicht erkennen zu können. Die Malerei erfindet Gestalten der Sichtbarkeit für das Unsichtbare, und hilft damit der Vernunft aus ihrer größten Verlegenheit, zu dem, was sie in Gang setzt, nicht vordringen zu können. In der Malerei wird die Aura des unzugänglichen Seins des Wirklichen zu einer sinnlichen Wahrnehmbarkeit: sie verweist auf das, wovon wir wissen können, dass es existiert, ohne es ins Bewusstsein holen zu können. Von der ›belehrten Unwissenheit‹ des Nikolaus von Kues, über Kants ›Block‹ zwischen ›Ding an sich‹ und ›Erscheinung‹, bis hin zur ›Unschärferelation‹ der Quantenphysik durchzieht die Einsicht in die Uneinsehbarkeit dessen, was jede Erkenntnisbemühung provoziert, die Geschichte der Erkenntnis, die es nur zu dieser einen unbezweifelbaren ihrer Verlegenheit vor der Unlösbarkeit ihrer Aufgabe brachte.

Dieses Unvermögen des menschlichsten aller Menschenvermögen wird durch Kunst nicht kompensiert; die Geschichte der Erkenntnis des Erkennens bestätigt mit dieser Verlegenheit die Unüberschreitbarkeit der ursprünglich mythischen Leistung jeder Kunst, vom Uneinsichtigen erzählen zu müssen.

Indem das gemalte Bild das Unsichtbare in die optische Illusion eines plastischen Zeichens auf der Oberfläche einer Leinwand übersetzt, als wäre es eine überdimensionale Blindenschrift, bekräftigt es die Unsichtbarkeit als Urherausforderung jeder bildnerischen Anstrengung.

Damit steht es in spiritueller Kontinuität zur christlichen Theologie, die erst in der Reformation das jüdische wie das islamische Verbot, das Sein alles Seienden zu bilden, einholte. Die metamorphotische ›Blindenschrift‹ der reinen Malerei, die anschaulich macht, dass Bilden heißt, dem Unsichtbaren sichtbare Zeichen zuzuordnen, wird zum ästhetischen Wiedergänger der die Neuzeit eröffnenden Theologie ›wissender Unwissenheit‹, die den Ursprung alles Wirklichen ausschließlich in der Stellvertretung der Anschauung alles dessen zugänglich fand, das ›Gottes Blick‹ ins Sein versetzt. Die ›Natur‹, die schon bald darauf die Stelle ›Gottes‹ einnehmen sollte, ist die ›Blindenschrift‹ des Wirklichen, dessen Seinsursprung in absoluter Unzugänglichkeit verharrt.

Das zeigen die Bilder, die sind, was sie zeigen.

6 »Verlorene Orte«

IV

Vom Verschwinden im Erscheinen, vom Erscheinen im Verschwinden

Aber wie überhaupt Malerei in Worte fassen?

Mit dieser Frage unterbricht Paul Valéry seine Überlegungen zu »Zeichnung, Tanz, Degas«. Als hätte den Autor der Mut des Ausdrucks verlassen.

Was als Einbekenntnis plötzlicher Ratlosigkeit klingt, ist tatsächlich eine Bewährung philosophischer Zuständigkeit, hat Philosophie sich doch immer wieder an der Kunst eben deshalb zu bewähren, weil sie selbst nichts anderes ist als die Kunst des Nachdenkens.

So will mir mein eigenes Innehalten angesichts der Kunst Frank Hinrichs' nicht als Hinweis auf Unzuständigkeit erscheinen, sondern als Herausforderung zu philosophischer Bewährung – hat es seine Ursache doch in der Begegnung mit einer Vollkommenheit.

Sich sprachlos schweigend dem Empfinden einer reinen Freude zu überlassen, das sie wecken kann, ist gewiss keine unangemessene Reaktion.

In dreißig Jahren praktischen ebenso wie theoretischen Umgangs mit Malerei ist es mir nur einige wenige Male ergangen wie mit seiner: im ersten Anblick uneingeschränkt, und mit einem tiefen Empfinden des Einverständnisses davon überzeugt zu sein, es mit einer Vollkommenheit zu tun zu haben. Selten habe ich das Glück der Anschauung als sinnliche Überwältigung so intensiv erfahren wie in der ersten Begegnung mit diesen Bildern. Am treffendsten bezeichnet diesen Eindruck das alte, nur selten noch sinnerfüllt verwendete, Wort: Begeisterung.

Und dann folgt doch – Überlegung. Wie auch anders, steckt in der ›Begeisterung‹ doch der ›Geist‹, und der bedarf der Gedanken.

Bei aller Schönheit, die das Auge zuerst gefangen nimmt, bei aller handwerklichen Virtuosität, die einen verleitet, die Diskretion aufzugeben, und genau wissen zu wollen, wie sie gemacht sind, sind diese Bilder Anschaulichkeiten des Denkens. Sie sind Zeugen eines Lebensimpulses, nicht nur *wissen*, sondern *verstehen* zu wollen, was es mit unserer Wahrnehmung auf sich hat, die am Anfang aller Weltkenntnis und Weltzugehörigkeit steht.

So erscheint es mir nicht nur zulässig, sondern auch angemessen, einige Gedankenmotive zu skizzieren, die hinter, und *in* diesen Bildern wirken. Sind ihnen als »Engrammen« doch selbst Gedanken ›eingeschrieben‹.

In seiner zur vorletzten Jahrhundertwende populären *Geschichte der Malerei* hat der Kunsthistoriker Richard Muther von Dürer gesagt, dessen Bilder seien mehr *geschrieben*, als gemalt. In unserer Zeit hat der französische Philosoph Gilles Deleuze gezeigt, dass diese Analogie auch in umgekehrter Perspektive möglich ist, und Texte wie Bilder behandelt. Und der Maler Gerhard Hoehme hat immer wieder betont, seine Bilder sollten ›gelesen‹ werden. In dieses Spannungsfeld von *Schrift* und *Bild*, das mehr ist als nur kunsttheoretische Rhetorik, versetzt Frank Hinrichs seine Malerei, mit ganzem Bewusstsein und entschiedener Absicht.

Sie ist eine Malerei, die Denken sichtbar macht. Nicht irgendeines; sondern ein *Denken*, das *Wahrnehmen* verstehen lässt.

Das gelingt in so beeindruckender Intensität, weil das Metier des Bildens für Frank Hinrichs eine *Lebenspraktik* ist.

Was persönliche Veranlagung, Neigung, Temperament und Intelligenz vorgaben, erhielt prägende Anregung durch den bedeutendsten Impuls, den die Kunstpraxis zu der Zeit erhielt, als er sich auf den eigenen Weg machte. Der ›plastische‹ Impuls des Joseph Beuys wurde auch für Hinrichs während seiner Zeit an der Düsseldorfer Akademie bei Alfonso Hüppi prägend. Er führte zu der Grundentscheidung, das *gemalte Bild* als ein *Objekt* der Dreidimensionalität zu behandeln: ihm Raum nicht nur zu *geben*, sondern ihm zuzutrauen, Raum auch zu *bilden*.

Bilder gehen Begriffen voran. Sie sind die Keimzellen der Gedanken, die sich im Geflecht der Begriffe verwirklichen. Bis diese schließlich nach Bildern verlangen lassen, die wieder verständlich zu machen haben, was sich in der Unanschaulichkeit der Abstraktion verlor. Die Sprache bewahrt diesen Zirkel der Erkenntnis genau, indem sie diese ›Einsicht‹ nennt. Ohne Anschauung keine Erkenntnis.

So sind Bilder Partituren, Anweisungen zur Veranschaulichung von Gedanken, deren begriffliche Fassung noch aussteht, oder stattgefunden hat, aber uneinsichtig blieb, oder die sich als unmöglich erwies.

Die Differenzierung zwischen beiden vollzieht sich entlang der Grenze jenes vorstellenden Denkens des Unbekannten, das als Mythos Grundlage unseres Weltbewusstseins geblieben ist. Angesichts des Unbekannten, das als Wirklichkeit unumgänglich ist, entscheidet Frank Hinrichs sich nicht für die eine *oder* die andere der beiden anthropologischen Grundreaktionen, die Hans Blumenberg als ›Flucht‹ *in den Begriff* oder *hinter das Bild* unterschieden hat, sondern für *beide*. Dass er die Alternative nicht gelten lässt, macht ihn nicht nur zu einem philosophierenden Maler, sondern zu einem philosophischen.

Als denkender Künstler ergreift Frank Hinrichs nicht die Flucht, sondern stellt sich seiner Wirklichkeit, indem er sich in beide Sphären begibt.

Als Urform des erzählten Bildes entfaltet der Mythos, den es nur im Variationsfluss wiederholter Erzählung gibt, die Wahrheit des Seins: alles kann aus allem werden, nichts muss bleiben, wie es gerade ist; nichts ist, was es zu sein scheint. Das weckt Furcht, und birgt Hoffnung zugleich. Als eine Praktik freier Vorstellungskraft ist Malerei die Disziplin, Anschauungen nach außen zu kehren und vor Augen zu führen, die in den Erzählungen von der Welt enthalten sind.

Jede Vorstellung beruht auf der Unterscheidung eines *Möglichen* vom *Wirklichen*. Sie denkt und empfindet etwas, das es – noch – nicht gibt, hinein in etwas, das – schon – vorhanden ist.

Auf ihre größte Herausforderung trifft die Einbildungskraft in der Konfrontation mit den Phänomenen der *Mischung*: unklaren Übergängen, fehlenden Konturen am Wirklichen, weichen Demarkationen und unbewachten Grenzen.

Dem Maler ist die Mischung als Grundgeste seines Handwerks altvertraute Lustqual. Mit jedem Bild stellt sich ihm die Aufgabe aufs neue, Stoffe in das richtige Verhältnis zueinander zu bringen, deren Verbindung den erwünschten Effekt erreichen kann.

Die realistische Erwartung, mit der das anthropologische Erbe der Ungewissheit unserer Welt jedes Bild anschauen lässt, unterlaufen Hinrichs' Bilder. Seine »Wegmarken« sind vor allem Studien der Uneindeutigkeit, des Unbegreifbar-Unbegreiflichen des als Bild Erfassten, das trotz seiner plastischen Anwesenheit als Ding eine unüberbrückbare Ferne manifestiert – Sehnsucht und Unglück der Wahrnehmung zugleich. Denn sie zeigen nicht die Natur, die man in ihnen zu sehen meint, sondern die Spuren der Gesten, mit denen die Hand Farbe auf der Leinwand anordnete.

Jede Mischung vollzieht sich als Verwandlung ihrer Komponenten. Deren Ereignis aber ist exakt der Vorgang, den die Mythen als Metamorphose beschreiben.

Ovid ist Montaignes Gott, Heiner Müllers und auch meiner, schreibt Alexander Kluge in seinen Überlegungen zur Kunst, *Unterschiede zu machen*, und fügt erläuternd hinzu: *Jede dieser Geschichten, dieser Märchen in den* Metamorphosen *von Ovid ist vertrauenswürdiger als eine Nachrichtensendung von heute*. Denn die Nachricht täuscht jene Wirklichkeitsgewissheit nur vor, an deren Unwahrscheinlichkeit die Bildkünste sich abarbeiten. Auch für Frank Hinrichs zählt Ovid, der Virtuose der Verwandlungen, deshalb zu seinen Referenzen.

So individuell unverwechselbar seine Arbeit ist, so sehr steht sie in einer ästhetischen und malerischen Tradition, auch ohne irgendeine direkte Beeinflussung einer ›Schülerschaft‹. 1956, in Hinrichs Geburtsjahr, veröffentlichte John Anthony Thwaites – seinerzeit einer der wichtigsten Anwälte der damaligen Avantgarde – in der Zeitschrift *das kunstwerk* eine Kritik jener Bilder, mit denen Emil Schumacher gerade dabei war, zu dem Maler zu werden, als der er heute seinen Platz in der Kunstgeschichte einnimmt, und charakterisierte sie als eine *Kunst der Metamorphose*.

Die wirklichen Kontinuitäten entfalten sich ohne direkte Bezüge und Wirkungen, als Kette individueller Bearbeitungen derselben Herausforderungen. So gewiss Hinrichs kein später Informeller ist, so sehr ist er ein reiner Maler, so, wie die Informellen reine Maler waren. Das Informel befreite die Malerei zur reinen Farbmaterialität. Das Gemälde kann seither ein ›Ding‹ sein, dessen Beschaffenheit vor Augen führt, woraus die Welt unseres Lebens als Universum der Dinge, derer wir uns bedienen, um zu existieren, besteht. Von dieser Lizenz macht Frank Hinrichs eigensinnig Gebrauch.

Die suggestive Intensität, mit der seine Bilder ihre raumbildende Kraft entfalten, ist die Wirkung dessen, was Hinrichs in Benjamins altem, aber nicht überholtem, Begriff der ›Aura‹ erfasst findet. An ihm hält er mit nahezu programmatischer Entschiedenheit fest. Denn in ihm ist genau jenes Grenzphänomen bezeichnet, dem Hinrichs' ästhetische Aufmerksamkeit vor allem gilt: die Ungreifbarkeit einer Gegenwart. So sehr auch tatsächlich erscheint, was sich in seinen Bildern zeigt, so verborgen und entzogen zugleich bleibt es. Die Schriften, die sie bergen, sind sichtbar; lesbar werden sie nicht. Die Verwandlungen erzeugen keine Eindeutigkeiten.

Gerade deshalb aber ist auch das umgekehrte Phänomen einer Anwesenheit des endgültig Abwesenden möglich. In dem Gemälde »Nachklang«, gelingt es Hinrichs, durch die eigenhändige Anverwandlung der Schriftgeste eines abgeschiedenen Menschen dessen individuellste Existenzspur noch einmal real gegenwärtig werden zu lassen – Unmögliches wird Ereignis. Zu doppeltem ›Nachklang‹: eines Lebens, das endete, und jener Mythen Ovids, die das Ereignis des Unmöglichen als Verwandlung beschworen.

War Benjamins Begriff der ›Aura‹ als der *einmalige(n) Erscheinung einer Ferne, so nah sie sei*, bei aller materialistischen Tarnung seiner Theorie unverkennbar vom messianischen Modell eines alles verwandelnden Eingriffs in die Welt, der sie lässt, wie sie ist, und sie doch zur Erlösung verwandelt, theologisch geprägt, so wird die Geste der Verwandlung in Hinrichs Malerei anthropologisch. Der Prozess von Wahrnehmen – Denken – Bilden – Wahrnehmen, den sie durchläuft, reproduziert den kulturellen Prozess der Erosion der Wirklichkeit durch ihre Bearbeitung, bei gleichzeitiger Sicherung für menschliche Daseinszwecke. Was die Zivilisation des Existierens an Wirklichkeit aneignet, unterzieht die Vorstellungskraft des Malers einer entrückenden Anverwandlung. Denn das Bild ist immer beides: Zeuge und Ersatz des Wirklichen.

Die mediale Kulturkritik, die heute gerne das Verschwinden der Wirklichkeit in den virtuellen Bildern beklagt, übersieht, dass diese Gleichzeitigkeit von Erscheinen und Verschwinden der Grundvorgang aller Leistungen menschlicher Erhaltung in einer unbekannten Welt ist. Das Bild repräsentiert die Distanz der bei aller Verfügung immer unbewältigt bleibenden Wirklichkeit, die die Zivilisation der Hand, die fernhält, um zu bearbeiten, herstellt, damit eine bewohnbare Welt entsteht.

Gäbe es so etwas, so wäre dies das ›Thema‹ der Malerei Frank Hinrichs'.

7 »Echo und Narziß«

V

Vom ausgeschlossenen Dritten, das verschwindend in Erscheinung tritt

Realität aber ist, wo ich wirke, wo meine erwachenden Sinne übergehen in die Zonen und Farben dieses Raumes.

Sieh! Entdecke! Ich bin kein Gefangener!

Gerhard Hoehme, *Der Kaiserplatzkeller*

Ein Philosoph trifft auf einen Maler, ein Maler auf einen Philosophen.

Eine weder ganz alltägliche, noch ganz ungewohnte Begegnung. Dennoch ist sie verwickelter, als ihr eingespieltes Auftreten in den Ritualen der Kunstöffentlichkeit noch erkennen lässt.

Im Fall der Begegnung von Frank Hinrichs und mir ist sie in eben dem Maß ungewöhnlich, als sie über den beiläufigen kunstkritischen Ritus des Beschreibens und Beredens hinaus geht. Desto schwieriger ist sie für mich –: führt sie mich doch an die Grenze des eigenen Metiers – eben dadurch, dass ich es in seinem Metier gespiegelt finde. Das aber ruft genau die Fragen auf, die desto verschwiegener bleiben, je fundamentaler sie sind.

So werde ich nicht nur über einen Künstler und sein Werk sprechen, sondern damit auch über die Begegnung einer Malerei mit einer Philosophie.

Wie führt man ein in ein Werk, das, noch zögernd, dabei ist, behutsam in Erscheinung zu treten? Nachdem es in einer langen, Jahrzehnte währenden Klausur entstand, durch bewusste Entscheidung unbekümmert um Öffentlichkeit und Vermarktung, ganz einer Expedition in das verborgene Reich der eigenen bildnerischen Möglichkeiten gewidmet?

Etwa durch eine Variante auf die ›Legende vom Künstler‹, erzählend, wie schon der kleine Frank die Farben fand, und sich ihnen fürs Leben verschrieb?

Die Anekdote scheidet aus, ebenso wie der Erlebnisbericht von Atelierbesuchen, außer, sie böten Erkenntnisaufschluss.

Eine erste Annäherung eröffnet das Ritual der Herkunft. Ihm Genüge tuend, will ich zwei der wesentlichen Ermöglichungsbedingungen der Kunst Frank Hinrichs' anhand zweier kurzer Rückblicke in ihren genealogischen Fond bezeichnen. Der eine betrifft ihre existentielle Möglichkeit, der andere ihre Strategie.

Zwei Tage vor der Eröffnung seiner Ausstellung in der Galerie Hennemann in Bonn entdeckte Gerhard Hoehme im Oktober 1976 deren erst kurz zuvor ausgeräumtes Kellergewölbe unter dem Kaiserplatz. Unmittelbar fasziniert, machte er sich an eine Verwandlung der Räume, durch minimale zeichnerische, malerische und plastische Akzentuierungen. Es wurde eine seiner bedeutendsten Arbeiten.

Seine Aufzeichnung über diese Erfahrung schloss er: *Die Wünsche und die Erfahrung setzen sich um in Bilder. Bilder entstanden aus den Metamorphosen eines Menschen, und Bilder [wurden] erlebbar als Metamorphose eines Menschen.*

Es sind diese Momente des Verwandlerischen, die entstehen lassen, woraus Kunst werden kann. Immer wieder aufs Neue. Künstler wird man nicht einmal; man muss es, wie Hoehme in dieser Verwandlungserfahrung, mit jedem Impuls zu einer Gestaltung neu werden.

Die abstrakte Malerei enthielt bereits in ihrer Vorgeschichte eine plastische Möglichkeit des malerischen Bildens, die erst sehr viel später realisiert wurde, ohne jedoch besondere Beachtung zu finden. Michel Foucault hat sie in einem Vortrag über Manet, 1971 in Tunesien gehalten und erst in der deutschen Übersetzung 1999 veröffentlicht, offengelegt. *Er war im Begriff, das Bild als Objekt, die Malerei als Objekt zu erfinden. Das war die grundlegende Bedingung dafür, dass man sich eines Tages ganz von der Repräsentation löste und die Fläche lediglich mit ihren Eigenschaften spielen ließ.*

Die Verdichtung des Spiels mit der optischen Illusion auf der Fläche der Leinwand zum Eindruck vom Bild als eines plastischen Objektes, das genau ist die malerische Strategie Frank Hinrichs'. Statt den Gegenstand Bild zum plastischen Objekt zu machen, subtilisiert er die Malerei so weit, dass sie den Eindruck erweckt, das Bild wäre ein solches Objekt, ohne es tatsächlich sein zu müssen.

Dazu gehört der sich immer feiner ausdifferenzierende Sinn für die Materialität des Mediums, das die Malerei bildet, der Farbe. Die Virtuosität, mit der Frank Hinrichs seine Farben nicht nur als Materialien verwendet, sondern selbst herstellt und für seine Zwecke herrichtet, macht ihn unter den vielen, die malen, zu einem unverwechselbaren Maler.

Mit dem Aufschluss von Herkünften, der Entzifferung genealogischer Spuren aber ist es noch nicht getan.

Man muss auch und vor allem von dem sprechen, was *in* dem Werk erscheint, das in Erscheinung tritt. Man muss beschreiben, was sichtbar wird, indem erscheint, was das Werk erblickt. Denn was Frank Hinrichs in den Jahren seiner Klausur schuf, ist eine fortgesetzte Recherche des Erscheinens: seine Malerei ist eine Erforschung des Erscheinens mittels malerischer Ver-Anschaulichung. Was wird sichtbar, wenn einer malt, was er zu sehen bekommt, wenn er sein Sehen um die Frage konzentriert, was erscheint, wenn gesehen wird, und sein Bilden darauf, das Gesehenhaben des Sichtbaren darzustellen?

Man muss die Gedanken *aus-sprechen*, die von der Malerei *ein-gebildet* wurden.

Aber *wie* könnte dieses Sprechen geschehen? Wie lässt gebildetes Sehen sich seinerseits aussagen?

Dieses Urparadox einer denkenden Wahrnehmung der denkenden Gestaltung des Sichtbaren kann entmutigen, wie es Paul Valéry angesichts des Werkes von Edgar Degas beinahe geschehen wäre. Dabei sind Wort und Bild einander so nah, wie es nur sein kann, wie der ursprüngliche Wortsinn von ›theoria‹: Anschauung, belegt. In einer Rede für Rolf Sackenheim hat der legendäre Albrecht Fabri daran in strenger Ermutigung erinnert: *denn Theorie heißt im Griechischen nicht Theorie, sondern Sehen, und tatsächlich kann man weder Bilder noch überhaupt etwas außer durch Theorie sehen. Noch die simpelste Wahrnehmung ist ein komplizierter Erkenntnisakt, d.h. zumindest impliziert oder reproduziert sie einen solchen.*

Wahrnehmung als Erkenntnis, Erkenntnis als Wahrnehmung, Kunst als Gestaltung des erkennend Wahrgenommenen und des wahrnehmend Erkannten – in dieser ästhetischen Region bewegt sich Hinrichs' malende Erforschung der Malerei. Das macht die Begegnung mit dem Maler und seiner Kunst für einen Philosophen, der es darauf anlegt, aus der Erfahrung der Bilder Einsicht in die Bedingungen zu gewinnen, unter denen wir als Menschen existieren, mehr als nur interessant: zu einem Glücksfall. Und verleiht dem biografischen Zufall zwingende Logik, dass unsere Begegnung erst nach zwanzig Jahren stattfindet, obwohl wir uns zu derselben Zeit an denselben Orten auf unsere Wege machten, über die wir uns täglich hätten laufen können.

Zwar gibt es nichts, wofür ein Philosoph sich nicht interessieren könnte; aber das qualifiziert ihn nicht dazu, über alles auch zu reden, dem er bei den Streifzügen seines Interesses begegnen mag. Das zu vergessen, führt zu der fragwürdigsten Gestalt der falschen Philosophie, deren Gehabe allumfassender Zuständigkeit sie zu Recht verachtungsvoller Gleichgültigkeit aussetzt.

Die Verlegenheit der Sprache der Theorie vor der sinnlichen Macht der Kunst hat immer wieder die Rache von Philosophen geweckt, seit Platon als erster an ihr zu scheitern drohte. Gegenüber der modernen Kunst hat sie pikanterweise Arnold Gehlen geübt, indem er in seiner Philosophie der modernen Malerei, die die erste bedeutende überhaupt war, kurzerhand deren unbedingte ›Interpretationsbedürftigkeit‹ behauptete. Aufgrund des intellektuellen Aufwandes ihrer Herstellung müsse sie ohne dessen Offenlegung unverständlich bleiben. Arthur Danto hat dann das andere Extrem formuliert, indem er eine zunehmende philosophische ›Entmündigung‹ der Kunst feststellte, und zur theoretischen Enthaltsamkeit ihr gegenüber aufrief – nachdem er einige Jahrzehnte lang philosophiegesättigte, kluge Kunstkritiken veröffentlicht hatte.

Bei aller Sympathie für Adornos Extremismus, der sich überzeugt gab, Wahrheit nur bei Übertreibungen finden zu können – der eine Rigorismus ist hier so falsch wie der andere. Durch das logische Regime des Satzes der Identität verdorben, dem zufolge etwas ausschließlich dieses *oder* jenes sein könne, sind wir geübt, das Wahre zu übersehen, das doch nie das Identische ist.

Eine *andere* Beziehung ist möglich. Ihr haben sowohl Frank Hinrichs als auch ich uns in unserer Beziehung zum jeweils anderen Medium verschrieben. Es ist eine Beziehung der Komplizenschaft. Diese richtet sich immer gegen einen gemeinsamen Gegner, in unserem Fall das Nichtwissenwollen, diese Verschwörung gleichgültiger Hinnahme der Wirklichkeit, gegen die die Moderne ihre gemeinsame Verschwörung des Denkens und der Kunst richtete. Diese ist geradezu dadurch bestimmt, dass weder ein Denken ohne Kunst, noch eine Kunst ohne Denken mehr möglich sind. Nach dem nahezu spurlosen Verenden jener ›Postmoderne‹, deren Aufregungen die Diskurse bestimmten, als wir uns auf unseren eigenen Weg in unsere Metiers machten, muss nicht mehr betont werden, dass wir die Moderne noch längst nicht hinter uns haben: wir arbeiten an unserer eigenen Version.

Belehrung braucht weder die Kunst, noch der interessierte Umgang mit ihr; wohl aber Kenntnisse.

So richtig es ist, daß in jedem Menschen ein Künstler steckt, daß der Mensch das künstlerischste unter allen Tieren ist, so sicher ist es auch, daß diese Anlage entwickelt werden kann und daß sie auch verkümmern kann. Der Kunst liegt ein Können zugrunde, und es ist ein Arbeitenkönnen. Wer Kunst bewundert, bewundert eine Arbeit, eine sehr geschickte und gelungene Arbeit. Und es ist nötig, etwas von dieser Arbeit zu wissen, damit man sie bewundern und ihr Ergebnis, das Kunstwerk, genießen kann, schrieb – nein: nicht Beuys, sondern – Bert Brecht im Exil 1939, angesichts einer von der Bildhauerin Ninan Santesson gefertigten Portraitbüste seiner Gefährtin Helene Weigel. *Die Betrachtung der Kunst kann nur dann zu wirklichem Genuß führen, wenn es eine Kunst der Betrachtung gibt. Denn die Kunst braucht Kenntnisse.* Diese Rechtfertigung der Ästhetik ist umso überzeugender, als sie von einem Künstler stammt. *Den Kunstgenuß kann man nicht billiger bekommen. So ist es nötig, die Mühen des Künstlers mitzumachen, in abgekürztem Verfahren, aber doch eingehend.*

Die wichtigste Kenntnis, die man von diesem Maler haben muss, ist der Umstand, dass er nicht nur ein denkender, sondern ein mit den Mitteln der Malerei philosophierender Maler ist. Seine Kunst ist eine Kunst der Nachdenklichkeit in der Gestalt malerischen Bildens.

So besteht die Aufgabe des Redens über – diese – Malerei darin, hörbar werden zu lassen, was die Sprache mit ihren Mitteln über das festzustellen weiß, was der Maler in der

Malerei sichtbar werden lässt: das Ungesehene durch die gesprochene Schrift hörbar zu machen.

Denn *Un*sichtbarkeit ist die Herausforderung des Bildkünstlers, wie das Unaussprechliche die Herausforderung des Sprachkünstlers ist: sie setzen ihr Können in einem Metier, die Handhabung seiner Materialien ein, um deren Grenzen der Unmöglichkeit zu finden, und sie zu überschreiten.

Das Unsichtbare bezeugt kein Versagen des Auges: es ist die Rückseite des Sichtbaren, in dessen Herstellung das Auge sich bewährt. Ohne das Stimulanz des Unsichtbaren bliebe das Auge in trüber Halbschärfe befangen. Wir sehen nicht, weil es Sichtbares gibt; wir sehen, weil die Sichtbarkeit die weltliche Ausnahme von der kosmischen Undurchdringlichkeit der Nacht des Unsichtbaren ist. Weshalb das fast ausschließlich der Erforschung des Schwarz gewidmete Werk Pierre Soulages' eine der bedeutendsten Leistungen der Malerei überhaupt ist.

Das Ergebnis der modernen Physik, die ihren Gegenstand nicht nur als das Unsichtbare, sondern als das Unerreichbare dazu identifizierte, von dem nur erkannt werden kann, *wie* das erkennende Bewusstsein sich zu ihm in Beziehung setzt, trifft sich mit dem anthropologischen Befund, dass die Sichtbarkeit als Leistung der Selbsterhaltung hergestellt werden muss: die Lebensbedrohung geht von dem möglichen Feind aus, der früher gesehen hat, als er gesehen wurde. Nur, wer sieht, bevor er gesehen wird, überlebt. *Wer lebt, wird sehn*, spricht Christa Wolfs Kassandra es aus; qui vivera, vera, sagen unsere französischen Nachbarn – die Redensart verschlüsselt das anthropologische Grundgesetz, dass nur der leben wird, der früher gesehen hat als andere. Seine unausgesetzte Geltung klingt noch nach in der späten Metaphorik des lebenssichernden Denkens, das die Sprache ›Einsicht‹ nennt.

Indem Frank Hinrichs in seinen Vexierbildern eines in sein Verschwinden übergehenden Erscheinens auf dem schmalen Grat der Grenze zwischen sichtbar und unsichtbar agiert, bezeugt er die ontologische Vorherrschaft des Unsichtbaren. Wir sehen nicht, weil es Sichtbares in der Welt gibt; wir müssen sehen, um unsere Welt, und uns in ihr, erhalten zu können.

Denn von allen Lebewesen sind wir die größten ›Idioten‹, im Wortsinn des griechischen ›idiotos‹, des ›Unwissenden‹. Wir wissen von unserer Wirklichkeit am wenigsten, da wir von allen Tieren die geringste Umwelt besitzen, die vorgibt, was eine Lebensform wie wahrnimmt, und wie sie darauf zu reagieren hat. Dafür haben wir desto mehr Welt, die Ordnungen eigener Erfindung, die die Vorgaben ersetzen, für die die Natur im Fall des Menschen nicht gesorgt hat. In der »Bedeutungslehre« seiner *Theoretischen Biologie* hat Jakob von Uexküll das dargelegt, mit der er 1920 die Ökologie als biologische Wissenschaft begründete.

Werden sie zu Lebenspraktiken, zu Medien einer Gestaltung von Erfahrung als Lebensform, so verdichten die Künste diese ursprünglichste aller Gattungspflichten einer ›Poetik der Welt‹ am reinsten.

In diesem Verständnis ist Frank Hinrichs ein existentieller Künstler, kein Verwerter einer Begabung in einer Zuliefermanufaktur für einen Markt der Ware Kunst. Es ›ist‹ eben nicht ›jeder‹ ein Künstler; jeder mag sich zu einem machen können, vorausgesetzt, er er-lebt die Kunst als harte Disziplin der Formung des Erfahrenen. Und keiner hat das so lebensverzehrend demonstriert, wie Joseph Beuys (vgl. Steffens, *Materien des Denkens*).

Jedes Wirklichkeitsempfinden ist immer auch die Spur eines Abwesenden: dessen, was an der Stelle des als wirklich Wahrgenommenen sein könnte, befände dieses sich nicht an ihr, weshalb das, was an seiner Stelle sein könnte, gar nicht sein kann. Jede Wirklichkeit ist die Okkupation eines möglichen Seins durch ein realisiertes. Wir sind, weil der, der an unserer Stelle hätte sein können, nicht ist; er kann nicht sein, weil wir sind.

In ihrer eigenen Melancholie reflektiert die Kunst diese melancholische Brutalität des Seins, Wirklichkeit durch Ausschluss von Möglichkeiten zu bilden. Die Poetik der Kunst ist eine – vergebliche – Wiedergutmachung an möglichen Existenzen, die vom Sein wirklicher vereitelt werden. Jedes Werk der Imagination beschwört ein ausgeschlossenes Sein.

Die Logik als Apparatur des Denkens definiert es in ihrem Grundsatz des ausgeschlossenen Dritten. Gegen dessen starre Mechanik des Entweder-Oder als Bedingung der Identität rebelliert jede Imagination.

Wie die Idee der Schönheit aus der Erfahrung der Verwesung entsteht, so geht jedes Werk aus der Erfahrung hervor, dass der Tod Ziel des Lebens ist. Dasein *ist* Vergehen. Was nicht dazu bestimmt ist, ins Nichtsein zurückzukehren, gibt es nicht.

Diese ontologische Zweideutigkeit setzt Frank Hinrichs ins Bild. Mit einer solch berückenden Schönheit, dass der unerträgliche Gedanke, der seinen Bildern zugrunde liegt, zumutbar wird. Damit bewähren sie das anthropologisch wesentliche Moment der künstlerischen Poetik, die Erfahrung des Unzumutbaren, die sich einstellt, wann immer menschliches Dasein sich seiner Bedingungen bewusst wird, in ein Motiv seiner Selbstbehauptung zu verwandeln.

Wie jeder seiner Sätze für den ganzen Schriftsteller einstehen können muss, so jedes seiner Bilder für den ganzen Maler. In Hinrichs »Hermaphroditus« findet seine Malkunst sich exemplarisch verdichtet.

Wie fast allen seinen Bildideen liegt auch dieser die mythologische Erzählung zugrunde, dieser Urgrund des europäischen Bewusstseins, ohne den nichts von dem denkbar würde, was wir uns zu denken vornehmen müssen – Hermes umwirbt Aphrodite, die, ihm erlegen, Hermaphroditos gebiert: das

Zwitterwesen, das nicht eines ist, sondern drei: männlich, weiblich, männweiblich.

Der Hermaphrodit ist die verkörperte Aufhebung jenes Satzes der Identität, mit dem das Denken der Logik das Denken der Erzählung zu überbieten sucht: A = A. Er ist der *Inbegriff der Einschließung*, wie Michel Serres in seiner Balzac gewidmeten Studie über ihn sagt, einer exemplarischen Durchführung des Hauptmotivs seiner Philosophie der Mischungen *Die fünf Sinne*, der bedeutendsten Philosophie der Freiheit seit dem *Kommunistischen Manifest*. Der Hermaphrodit ist der Ausschluss jenes Ausschließens, das die zweiwertige Logik noch im subalternsten Verwaltungsakt vollzieht, der das Leben belastet, indem er es regelt. Um dieser Einschließung willen *muß man zunächst die Ausschließung ausschließen*. Das Ideal des Denkens als Ausschluss, das System, *weiß nichts von der Kunst der Einschließung und will, dass alle Wahrheit Unterscheidung oder Widerspruch sei*, also Krieg. *Das Geschlecht* – das das eine oder das andere ist – *verweist auf die gleiche Geste wie die Distinktion: sich auf Trennung und Schnitt verstehen*.

Die Poetik der Malerei versteht sich auf das Gegenteil. Hinrichs Bild »Hermaphrodit« ist eine Zone der Übergänge: die auf seiner Fläche ausgebreiteten ornamentalen Formen scheinen danach zu streben, sich in ihre Umgebung aufzulösen; kaum annähernd scharf ins Auge gefasst, wollen seine Formen sich schon wieder in die Unschärfe verlieren; seine Ränder scheinen sich in ihrer anmutigen Abrundung von seiner Fläche abzuwenden, und der Umgebung außerhalb des Bildes zuzuneigen; vor allem aber vollzieht dieses Bild in berückender Subtilität die Verbindung des Blau mit dem Rot in der Abtönung des einen Grün, in dem sich das Gelb und das Blau bereits vereinigten. In seiner zweifachen Differenzierung zu Oliv und Türkis geschieht in der Sanftmut eines fast übergangslosen Ineinanderfließens die doppelte Vereinigung.

So entwirft das Bild in seiner Kombinatorik der drei Elementarfarben Rot, Blau und Gelb das dritte Geschlecht, das die Logik nicht kennt, nach dem das Leben sich sehnt. Erst Drei machen Eines. Das Eine ist nicht das, was nicht das Andere ist; erst in der Durchdringung mit mehr als einem Anderen wird etwas, das Eines sein kann.

So unterläuft jedes Gemälde, das nicht monochrom ist, die lebensmissachtende Logik der Ordnung, die in allem nur Eines sieht, und vor dem, woraus es besteht, die Augen verschließt. Die Artistik der Valeur-Malerei wird zum metaphysischen Kommentar der die Neuzeit tragenden Idee der Identität. Die vom Denken konstruierte Eindeutigkeit des Seins wird ästhetisch der Unwahrheit überführt – sie wird anschaulich.

Erst diese elementare Wahrnehmung ihrer Mischungsstruktur, ihres unablässig strömenden und fließenden Entstehens aus der Durchdringung ihrer Elemente, erst die Erkenntnis ihres *metamorphen* Wesens macht Wirklichkeit den Bedürfnissen unserer Behauptung in ihr zugänglich.

In diesen Bildern geschieht sie in artistischer Vollendung.

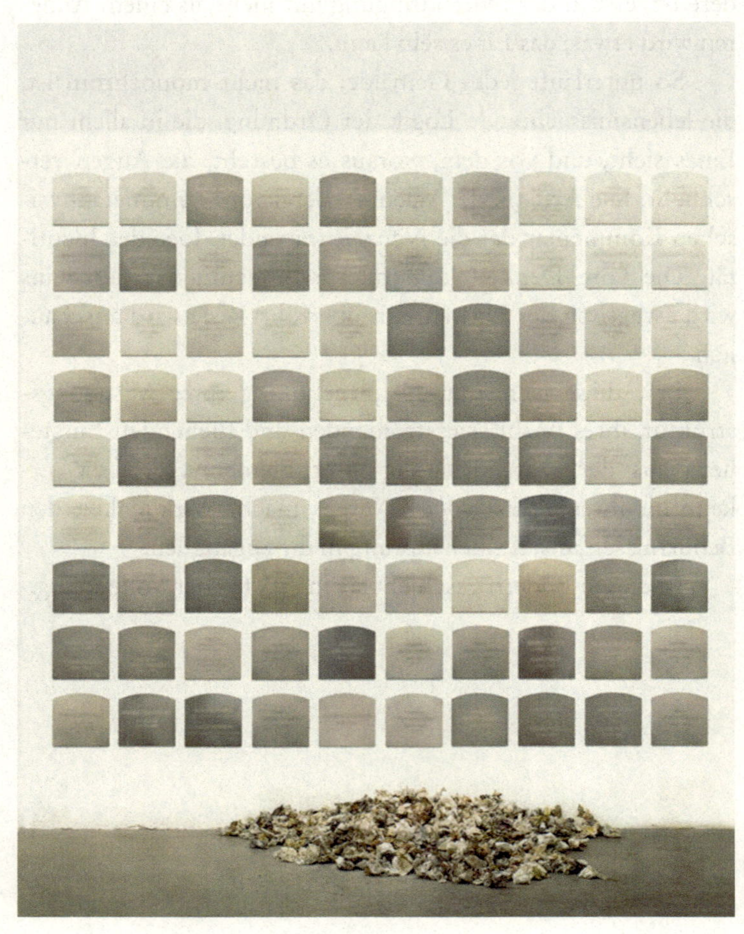

8 »Heterotopien«

VI

Nirgends im Anderswo / Abgeschieden anwesend

Eine Alchemie, die sich nicht
nach dem Endgültigen sehnt,
eine Alchemie, die nicht will,
daß die Dinge mehr seien,
als sie sind:
die sie treiben läßt
in der Zone der Unschärfe,
die ihr Wesen ist.

Cyrus Atabay

Das Leben ist Anderswo. Dorthin strebt die Kunst. Die Kunst ist Anderswo. Dorthin strebt das Leben. Dazwischen existieren wir. Unterwegs im Niemandsland, kommen wir nie dort an, wohin es uns zieht, weil wir immer gerade dort gewesen sind. Mit jedem Schritt des inneren Menschen, den der äußere tut, lassen wir hinter uns, wohin wir unterwegs sind.

Dies, worin oder woraus wir auch abwesend sein können, ist die ›Welt‹ (Blumenberg, *Beschreibung*, 602). In den meisten ihrer Lebensmomente ist eines jeden Existenz abwesend – für sich selbst in der Konzentration auf ein Tun oder der ›Geistesabwesenheit‹, für die anderen in der räumlichen Trennung ihrer Anwesenheit anderswo. In jedem Moment sind wir immer zugleich an einem anderen Ort, an dem wir uns nicht mit unserer leiblichen Person befinden: im ›Abschweifen‹ der Gedanken, in den Erinnerungen, eigenen und denen anderer, in deren Vorstellung wir anwesend sind trotz unserer räumlichen Abwesenheit.

Für die Erfahrung des Daseins – des eigenen Lebens – in den Akten der sinnlichen Intelligenz der Kunst ist das ›Gewesene‹ der wichtigste Fall der ›Abwesenheit‹. In den Verwandlungen einer wahrgenommenen Wirklichkeit zum Bild seiner Anwesenheit im Bewusstsein dessen, der sie wahrnimmt, wird das Wahrgenommene zu einem Gewesenen. Erst als Bewusstseinsinhalt Teil der Wirklichkeit, gibt es Wirkliches nur im Modus des Gewesenseins. Der Moment, in dem es aus seinem eigenen Sein in der Welt in ein Bewusstsein seiner Wahrnehmung eingeht, bezeichnet die sich in unablässiger Bewegung befindende Grenze zwischen Gegenwart und Vergangenheit. Bewusstsein stellt Vergangenheit her, indem es ein Sein bemerkt, dessen eigene Präsenz im Sein der Welt seiner Entdeckung im Bewusstsein vorausliegt. Der Preis seiner Vergegenwärtigung ist die Vergangenheitsform seiner Wahrnehmung, die stattgefunden haben muss, um das Wahrgenommene als Bewusstseinsinhalt präsent zu machen.

Das – gemalte – Bild dieser Anwesenheit eines Seins in einem Bewusstsein holt es aus dem Vergangenheitsmodus seines Wahrgenommenwordenseins zurück in die Gegenwart einer materiellen Anwesenheit.

Dieser ästhetische Zirkel des gestaltend-gestalteten Weltbewusstseins belegt, dass es nur ›historische‹ Erkenntnis geben kann. Die Gegenwart des Erkennenden ist eine andere als die Gegenwart seiner Bewusstseinsinhalte, wie die Gegenwart des Malers eine andere als die seines Bildes ist. *Die Phantasie macht unendlich. Sie ist das Medium der Verunendlichung und führt ausweitend ins Grenzenlose. Die Phantasie bringt die Existenz solchermaßen in die Schwebe* (Schulz, *Ich und Welt*, 99). In diesem Zustand einer dauerhaften ›Schwebe‹ repräsentiert der künstlerische Prozess den Lebensprozess des bewussten Daseins, den er gestaltet.

Der andere Raum seiner eigenen Anwesenheit im Anderswo ist für den Maler die Fläche seines Bildes: der Raum, in dem die Materialisation seiner Imagination sich vollzieht.

Malerei ist die Kunst der Präsenz. Wie der Mythos von den abwesenden Urgründen der Ordnung des Daseins erzählt, weil sie sich nicht verstehen lassen, so entsteht unter der

Hand des Malers aus der Materie seines Farbdenkens eine Anwesenheit, deren materielles Vorhandensein in der Verschmelzung mit der Nichtrepräsentanz seiner Formen und Inhalte für anderes Seiendes auf ›die‹ Abwesenheit als Grund aller Fragen verweist, die sich einem Bewusstsein unvermeidlich und unabweisbar stellen, das sein Leben führen will, ohne wissen zu können, was es ist.

Das Bild ist Ausgang und Ziel aller Anstrengungen des Bewusstseins, zu verstehen, was es heißt, zu erfahren. Das Denken ist eine Kunst, wie die Kunst ein Denken ist. Die Bilder gibt es nicht ohne die Worte, die Worte nicht ohne die Bilder. Die Begriffe durchstreifen den leeren Raum dazwischen: den Raum, in dem Wirkliches erscheint, und angeeignet werden muss, um Teil der Existenz zu werden.

Für diese Tätigkeit der Fundierung des Daseins gibt es nicht den einen Ort, von dem aus überschaubar und bildbar würde, was ihn an sein sich immer aufs Neue aufschiebendes Ende führen könnte. Sich ins Andere zu versetzen, ist der älteste, und einzige lebensvolle Impuls zur Kunst: in einen anderen Zustand, an einen anderen Ort, in eine andere Zeit. Die Malerei ist die Sehnsucht nach dem Raum, den sie ihren Oberflächen zu entlocken sucht. Der Maler ist ein Kartograph des Imaginären, ein Geologe minimalster Materieschichtungen, ein Topograf von Orten, die es nirgends gibt, als in den Schichten seiner Farben.

Nach dem Verlust des Paradieses war der ›andere Ort‹ das Jenseits einer Hoffnung, die ein Leben nach dem Tod verhieß. Als elementare Reaktionen auf das Rätsel des Todes – was lebt, kann nicht verstehen, nicht zu leben – waren die Utopien die ersten »Heterotopien«: das Todesrätsel nicht zu lösen, aber zu übersteigen, indem die Erfahrungsentzogenheit des Todes den anderen Zustand des Lebens aus der Absolutheit der Zeit, des Davor und des Danach, vor der Geburt und nach dem Tod, löste, und verräumlichte. Das bessere Leben liegt nicht in einer anderen Zeit, deren Beginn mit dem Eintritt des Todes identisch wäre, wie es die christliche Glaubensverheißung der Erlösung vom Tod und dem nachfolgenden ewigen Leben im paradiesischen Jenseits verkündete, sondern an einem anderen Ort. Einem Ort, der unbekannt ist, an den man sich nicht begeben, an den man nur verschlagen werden kann wie der Schiffbrüchige an eine unbekannte Küste.

Unter jenen ›anderen Orten‹, jenen *mythischen oder realen Negationen des Raumes, in dem wir leben* (Foucault, »Heterotopien«, 11), bezeichnet der Friedhof jene Grenze, die die ›Heterotopie‹ zu den Räumen des selbstgewissen Lebens zieht, am genauesten. Er zwingt die Lebenden zur Anwesenheit an dem Ort, an dem in der Auflösung seines Leibes der Ort des Abgeschiedenen, den er in der Welt einnahm, in die Endgültigkeit seiner Nichtmehrexistenz verschwindet.

Mit dem Tod einer Person beginnt ein anderes Erscheinen ihrer Existenz. An die Stelle ihrer leiblichen Anwesenheit im selben Raum der Welt treten die Bilder von ihr. Nun wird der ›andere Ort‹ der Vorstellungen, die andere von ihr bewahren, zum einzigen möglichen Modus ihrer Anwesenheit. In den Visionen der Erinnerungen verwandelt der Abgeschiedene sich zum reinen Produkt der Einbildungskraft.

Die Bilder einer visuell schwebenden Beinaheanwesenheit eines abwesenden Gegenstandes im Blick ihrer Betrachter verweisen absichtslos auf die wirkliche Situation, die sie ebenso absichtslos dermaßen inspirierte, wie sie sich dem Bewusstsein des Malers als Vergegenständlichung der Herausforderung seines Metiers unabweisbar ins Bewusstsein drängten: wie das gemalte Bild etwas sichtbar macht, das es nicht zeigen kann, so vergegenwärtigt der ›Grabstein‹ eine Existenz, die an keinem Ort der Welt mehr anwesend sein kann, die dennoch nicht abwesend ist. Wie der Bindestrich zwischen Geburts- und Todesdatum die Identität, für die der Name steht, zur Spanne der Lebenszeit verdichtet, so offenbart das Bild dieser materiellen Geste einer unmöglichen Erinnerung die Un-begreifbarkeit eines Daseins, indem es dessen letzten Ort zeigt, ohne ihn sichtbar zu machen.

Frank Hinrichs' »Heterotopien« versetzen ihren Betrachter an den bedeutungsvollsten Unort, und entrücken ihn zugleich in einen Zustand seiner Wahrnehmung, die ihn in etwas verwandelt, was er nicht ist, und nur im Bild seiner Anwesenheit im Bewusstsein, das dessen tatsächliches Sein erfahren hat, sein kann: sie verwandeln die Grabplatten des Columbariums in Flächen einer Nacherscheinung des unzugänglich Abwesenden.

Ihre ergreifende Schönheit kontemplativer Ruhe und Gelassenheit macht das Unmögliche, auf das sie verweisen, zu einer unanfechtbaren Möglichkeit. Die Bilder verwirklichen die Sehnsucht, von der der Verstand, der sie herstellt, weiß, dass sie uneinholbar ist.

Es gibt keine Farbe des Nichtseins. Höchstens eine der Eifersucht eines Seins auf ein für das Bessere gehaltenes Nichtsein: ein weißes, ein schwarzes Gelb. Für den Europäer ist das Schwarz die Farbe der Trauer, die Farbe des Nicht-Mehr, in dem alle Farben sich vermischten, für den Asiaten das Weiß, die Farbe des Noch-Nicht, die alle als Möglichkeit enthält. In beiden Un-Farben sind alle Farben aufgehoben, als gewesene im Schwarz, als künftige im Weiß. Die Arbeit des Malers, der die Farben zum Erscheinen bringt, und mit ihnen aus dem Sein-Können des Schwarz-Weiß das Dasein der Malerei entstehen lässt, besteht darin, das schon, das noch Ungetrennte zu trennen, zu verbinden.

Der Tod, den wir der Welt ›schulden‹ (Kluge/Müller, *Gespräche*), ist das Leben, das gewesen sein wird; das Leben, das die Welt uns schuldet, ist der Tod, der noch nicht ist – beides ist untrennbar ineinander verwoben, im Paradox einer absolut unbezüglichen Parallelität. Die Farbe des tödlichen Lebens, des lebendigen Todes wäre das Grau, die Schwarz-Weiß-Mischung. Im grau-bunten Farbkontinuum der »Heterotopien« Hinrichs' ist sie in allen Farben enthalten. In ihrem Memento der doppelten Unmöglichkeit einer anwesenden Abwesenheit und einer abwesenden Anwesenheit sind alle

Farben präsent, ohne dass eine einzige zu bestimmender Präsenz gelangte.

Mit seinem Zyklus der »Heterotopien« versetzt Hinrichs seine Malerei in einen nicht mehr metaphorischen, sondern materiellen Zustand einer Alchimie, die es ermöglicht, die Weigerung, die sich als unwiderrufliche Abwesenheit vollendende Endgültigkeit anzuerkennen, in Gestalt eines anwesenden Gegenstandes zu bezeugen. Unschärfe und feinstoffliche Oberflächenbeschaffenheit seiner Bilder überlisten die Erstarrung ihrer Faktur, und betonen das Ephemere in der konkreten Gegenständlichkeit des Bilddinges.

In seiner Monumentalität gerät Hinrichs ›Unwerk‹ des rätselhaftesten aller ›Unorte‹ zum bezwingenden Zeugnis einer Anstrengung, die ebenso unabweisbar wie unerfüllbar ist. In ihrer Formstrenge und koloristischen Subtilität rehabilitieren seine neunzig Einzelteile die zu Handgriffen einer Kunsthandwerkerkunstmarktkunst verkommenen wesentlichen Gestaltungsgesten der Moderne, die Serie und das Schema. Die Gleichartigkeit jedes Grabes, die als Zeichen der transzendenten Tröstung einer Gleichheit vor Gott nicht mehr wahrgenommen wird, dementiert den Individualitätsanspruch des Lebenden. Der Tod macht auf ernüchterndste Weise gleich. Für alle bleibt das Beinahenichts der Grabinschrift: ein Name, und zwei Daten. Indem er das Leben feststellend dessen Identität stiftet, die Identität nur für die Nachlebenden ist, vernichtet er, dem sie zukommt.

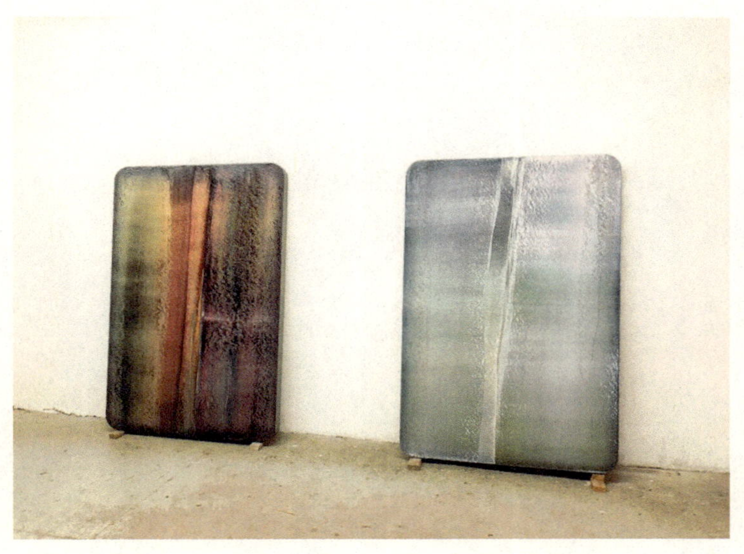

9 »Utopischer Körper, II, III«

VII

Vom Anderswo der Malerei – Anders

Geheimnisvoll: was sich den Blicken preisgibt,
ohne sich zu enthüllen.

Maurice Blanchot, *Warten Vergessen*

I

Wenn ich vor einem Bild stehe, spricht es besser als ich, schreibt Jules Renard am 8. Januar 1908 ins Tagebuch.

Kann ein Philosoph diesen Satz gelten lassen?

Unter der einen Bedingung, dass er sich bemüht, mit eigenen Mitteln auszusprechen, was das Bild *ihm* sagt.

II

Ich sitze am Straßenrand
Der Fahrer wechselt das Rad.
Ich bin nicht gern, wo ich herkomme.
Ich bin nicht gern, wo ich hinfahre.
Warum sehe ich den Radwechsel
Mit Ungeduld?

Brechts Frage der ersten seiner *Buckower Elegien*, »Der Radwechsel«, trifft ins Zentrum der Problematik, die alle Bemühungen um menschliches Selbstbewusstsein in Gang setzt.

Nicht nur *anders* wollen wir sein, auch *anderswo* als dort, wo wir gerade sind. Unsere Endlichkeit wissend, ohne sie zu kennen, sind wir Wesen des Übergangs. Dass wir sind, setzt voraus, nicht gewesen, sondern geworden zu sein, und hat zur

Folge, eines Tages ohne Wiederkehr gewesen zu sein. Jedem Verlassen folgt ein Ankommen, bis zum letzten Übergang. Überall wären wir, seiend, lieber; nur dort nicht, wohin *er* führt; am wenigsten, von wo aus man zu ihm aufgebrochen sein muss – um sich dorthin zurückzusehnen, sobald man den Ort erreichte, wohin es einen verlangte, bevor man sich auf den Weg dorthin machte.

Die Sehnsucht nach dem Anderswo macht in der Unablässigkeit der Bewegung, zu der sie nötigt, immobil. Ständig unterwegs, gibt es für sie kein Ankommen. Die Sehnsucht nach dem anderen Ort ist das Symptom der Ortlosigkeit eines seiner selbst ungewissen Lebens.

Anderswo – Orte, an die es uns zieht, während wir unentwegt woanders sind, Zonen des Daseins, wo wir gerne wären, und wovon wir uns doch fernhalten müssen, um seinen Boden nicht zu verlassen.

III

Auch anders von dem zu sprechen, was uns zeigt, wo wir *nicht* sind, ist eine Sehnsucht. Die Bilder denkend im Blick, nicht über sie zu reden, nicht zu besprechen, was an ihnen zu sehen ist; stattdessen: auszusprechen, was mit ihnen sichtbar wird. Dem gedachten Bild mit der Poesie des Denkens zu antworten – doppelte Verschwörung der Einbildungskraft gegen die Anmaßung der Wirklichkeit, die das Dasein um seine Möglichkeiten unentwegt betrügt.

IV

Die Malerei und das Grab – sie sind die ältesten Zeugnisse des Menschseins. Das Grab – erste Architektur des Menschen noch vor dem Haus, und letzte für jeden Einzelnen.

Der Tod – erstes und letztes Problem des Bewusstseins; die Kunst – erstes und bewährtestes Mittel gegen das Unbegreifliche; die Philosophie – unendlicher Aufschub der Einwilligung ins durch Unergründlichkeit Unzumutbare.

Mal-Kunst, und Denk-Kunst: zwei Gestalten, sich des Ungreifbaren anzunehmen.

Gegenseitige Aufforderung des Malers, des Philosophen aneinander, in seinem Medium dieselben Erfahrungen sich spiegeln zu lassen, die einen zur eigenen Arbeit bestimmen: die tägliche Erfahrung der Übergangsnatur des Menschen.

V

Der Tod ist bilderfreundlich, sagt sein Historiker Philippe Ariès –: weil er unbildbar ist. Weshalb sein Geschehen ein Universum an Bildern hervorbrachte. Das Bild entsteht, wo es nichts zu begreifen gibt. Das Denken ist die Verzweiflung der Einbildungskraft, die ihre Grenze erfährt, ohne sie anerkennen zu können; das Bild ist die Verzweiflung des Denkens, das seine Grenze erfährt, ohne sie anerkennen zu können.

Die Wirklichkeit des Todes ist das Ende des einen Daseins, dem er geschieht; ausschließlich für dieses eine besitzt er allein im Moment seines Eintritts die Macht des Wirklichen: Gegenwärtigkeit. Er bleibt Vorstellung, reiner Gedanke, bis er eintritt. Und wird zum verblassenden Bild für Hinterbliebene.

Deshalb werden die Bilder in der elektronischen Bildzivilisation todesfreundlich: sie zeigen nichts mehr, weil sie nichts mehr sind. Statt das Abwesende zu vergegenwärtigen, zeigen sie dessen Ungreifbarkeit. Die Oberfläche des virtuellen Bildes ist das Grab des Gemäldes. Die im Bild des Abwesenden repräsentierte Welt ist zum Kolumbarium ihrer Bewohner geworden: einander unansichtig von Auge zu Auge, begegnen sie einander als unwirkliche Abbilder: Memoriale ihrer selbst; lebendige Todesmasken.

Dagegen rebellieren die Farbmateriehäute der Malerei. Deren Oberflächlichkeit ist so wirklich wie das Material, aus dem die Bilder gefertigt sind, die auf ihnen ansichtig werden.

Das elektronische Netzwerk ubiquitärer Ansichten des Abwesenden ermöglicht einen immobilen virtuellen Sekunden-Tourismus zwischen beliebig vielen Orten: von Mausklick zu Mausklick, von Un-Ort zu Un-Ort, von Abbild zu Abbild des Fernen wechselnd, *ist* der Bewohner der Bildschirmhöhlen nicht mehr dort, wo er sich aufhält. Sich an die Repräsentanten abwesenden Seins überlassend, gerät er ins Nirgendwo eines ortlosen Dazwischen.

Der Ort, wo man ist, ohne zu sein, aber ist das Grab.

VI

Jedes Wort, jedes Bild, beglaubigt Abwesenheit. Anwesend kann nur der sein, der spricht, der, der bildet, und das, womit er spricht, womit er bildet: der Klang der Worte, das Scheinen der Farbmaterie.

So unansehnlich wie der Tod ist, so geschieht die Erinnerung im Unsichtbaren. Erinnerung vergegenwärtigt nicht; Erinnerung klärt nicht auf, sie verdunkelt, sie entrückt. Das Einzige, was sie anwesend hält, ist die Sehnsucht nach etwas, das nicht mehr ist. Oder nie war. Erinnerung ist eine andere Gestalt des Vergessens. Sie beschleunigt das Vergehen des Abgeschiedenen in seinem Grab, wie die Konturlosigkeit der Farbe der Bilder, die es assoziieren, die Schriftsymbole des gewesenen Daseins verwischt, das sich zum Strich zwischen den Daten seines Beginns und seines Endes verflüchtigte. Erinnern ist ein langes Warten auf die Vollendung des Gewesenseins.

VII

Endlichkeit – der Bindestrich zwischen Geburts- und Todesdatum auf dem Grabstein. Unentzifferbar wie die Abtönungen des Vergessens.

So massiv das Material der wirklichen Grabplatten, so filigran, hauchdünn und zerbrechlich die Materie ihrer malerischen Anspielung. Wie ins Unendliche ausgreifend ins Feinste vermindert, wird der materielle *Gegenstand* Bild zum Ort der Anwesenheit eines Seins, das es nicht zeigen kann, auf das sein eigenes Wirklichsein jedoch als Wahrscheinlichkeit verweist.

Aber sie tritt nicht zur Eindeutigkeit ins Sichtbare hervor, es bleibt bei verschwommen geahnter Ansichtigkeit, die sich nicht zum Sehenkönnen schärft, und ist dennoch eindeutig identifizierbar – die Materialität des Bildes wird zum Anhalt der Vorstellung eines Raumes, den zu durchschreiten in die Freiheit des Anderswo gelangen ließe.

Im Schweben des Blicks, dem die Gegenständlichkeit, den er zu entdecken meint, sich beharrlich entzieht, scheint ein Vorblick in unwahrnehmbare Unendlichkeit sich aufzutun – Vorschein der Region hinter der Grenze, die jeder wird passieren müssen, von der niemand weiß, wo sie für ihn verläuft.

Im Bild beinahe erscheinend, ohne sichtbar zu werden, wird das Realsymbol des Abwesenden, des gewesenen Lebens, der Grabstein, zum Bild unmöglicher Vergegenwärtigung.

Wo auch immer wir sind, da wir einst nicht mehr sein werden, gelangen wir an keinem Ort in die Fülle vollendeter Wirklichkeit: wir verharren im Schein dessen, was uns in der Vorläufigkeit des Daseins als möglich aufgegeben ist.

VIII

Von der Erfahrung des im letzten Augenblick verhinderten eigenen Todes zum Künstler geworden, der zu erreichen strebt, was er die Philosophie verfehlen sah, schrieb Maurice Blanchot: *»Den Tod vergessen – hieße das nicht wahrhaft sich an den Tod erinnern? Die einzige Erinnerung, die dem Tode entspräche, wäre dann das Vergessen?« – »Das unmögliche Vergessen. Jedesmal, wenn du vergisst, ist es der Tod, an den du dich dabei erinnerst.«*

Den Tod vergessen, auf die Stelle stoßen, wo der Tod das Vergessen nährt und Vergessen den Tod gibt, sich abkehren vom Tod durch das Vergessen und vom Vergessen durch den Tod, zweimal sich abkehren also: eintreten in die Wahrheit der Abkehr.

Das gemalte Kolumbarium macht sie als schwebenden Schein in der Schönheit des Ungewissen sichtbar, die Wahrheit der Abkehr. Mit der Abwendung ist man fast schon dort, wohin es einen zieht, um dem Jenseits so lange zu entgehen, bis es dafür Zeit geworden ist, immer wieder, und noch einmal: Anderswo.

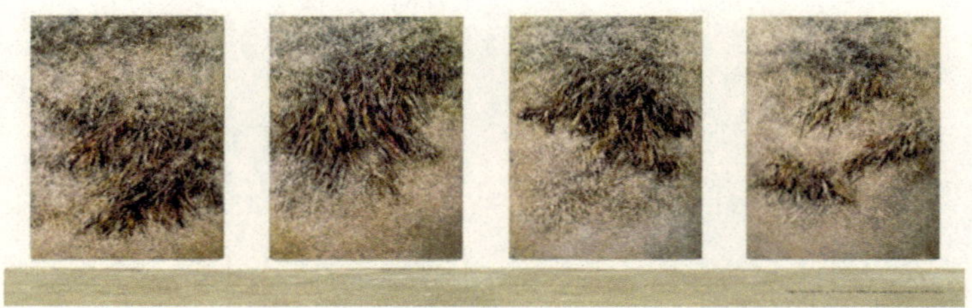

10 »Broken Flowers«

VIII

Die Natur der Kunst: »Broken Flowers«

Sieh und höre.
Paul Valéry, *Eupalinos*

Wie einer *seine* Kunst ausübt, wird mitbestimmt von einer *anderen*, die ihn fesselt. Wer *nur* seine hat, dem wird vieles zu ihr so sehr fehlen, dass er am Ende keine wirklich hat. Das Terrain der Produktion kann nicht reicher sein als das ihrer Anregungen. Nur, was zugleich etwas anderes ist, kann ganz werden, was es sein soll.

Die Essenz der antiken Mythen, die Metamorphose, die Verwandlung desselben in ein Anderes, die der dogmatische Einheitsmythos des Christentums in der Dreieinigkeit des einzigen Gottes erstarren ließ, wirkt fort in der heimlichen Erbin der verdrängten Metaphysik des All-Einen, indem die eine Produktivität der Kunst als denkender Einbildungskraft sich im Ineinanderübergehen der Künste entfaltet.

Die Produktivität der Synästhesie der Sinne ist die verborgene Grundlage, auf der die drei Kulturen Europas sich erheben. Antike, Mittelalter und Neuzeit lassen sich nach Art und Rang unterscheiden, die sie dem Wechselspiel der Sinnlichkeit einräumen, oder verwehren. So sehr die zweite das Fließende des All-Einen der ersten durch Erstarrung des Einzigen ablöst, so sehr wirkt in deren Grundlage das Verdrängte nach. Die Kultur des Neuen Bundes folgt aus der Synästhesie der Offenbarung: Gottes Wort wurde zuerst gehört, dann geschrieben, dann gebildet. Die Verschlingung von Hören, Sagen und Sehen in der Schrift, und deren Verdichtung im

Bild, wurde zum Erbe der dritten Kultur, die sich in Dichtung, Musik und Malerei jenseits der Auslegung des einen Mythos des Einzigen neu bildet, indem sie die Trias auf alle Phänomene der Welt und des Daseins in ihr anwendet.

Zum Medium der Konvergenz wird dabei die Schrift des alles umspannenden Denkens, das in den Begriffen feststellt, was die Gestaltungen des Sehens, Hörens und Sagens an Entäußerungen des erfahrenen Lebens bergen. So wird die Philosophie der dritten Kultur Europas als Ästhetik zu einer Morphologie der geformten Sinnlichkeit des selbstbewussten Lebens in seinen Anstrengungen zur menschengerechten Einrichtung der Welt, deren Ordnung nicht mehr als Schöpfung aus dem Jenseits, sondern als System menschlicher Leistungen gedacht wird. Wir sind, was wir machen, indem wir erfahren, was ist.

In dem Raum, den Frank Hinrichs' Malereien erzeugen, treffen Klang, Wort, und Geste aufeinander. Denn seine dominierende Parallelkunst ist die Musik. In der Farbformgebung seiner Bilder wirkt deren Formdynamik am stärksten mit. Die »Broken Flowers« sehen, heißt, über die Wahrnehmung autonomer Bilder hinaus, auch, Musik zu sehen. Denn der Moment, in dem sie fertig ›da‹ sind, ist ein Moment der Fixierung, einem symphonischen crescendo im Moment seines Höhepunktes gleich. In ihnen wird sichtbar, *daß alle Künste den Zustand der Musik erstreben, die nichts als Form ist* (Borges, »Mauer«, 209). Es ist die Zeit der Musik, die entsteht, während sie erklingt und im Gedächtnis dessen, der sie erklingend hörte, nachhallt, die im Malenden den Raum erzeugt, der die mit der Farbe bedeckte Fläche des Bildes sein wird.

Dermaßen, wie die Innenräume der einander zugeordneten Bilder in der Installation der »Broken Flowers« aus einem rhythmischen Farbgeschehen entstanden, wirken sie auf den sie umgebenden Außenraum. Aus einem dynamischen Prozess hervorgegangen, in dessen Verlauf die heftig bewegte Hand in skripturaler Geste die Schichten der Farbmaterie durchzieht, schon entstandene Formen überdeckend, und neu ansetzend andere bildet, ab- und neu aufträgt, ritzt und schlägt, überträgt diese innere Dynamik der Farbereignisse im Bild sich auf den Außenraum. Sie versetzt ihn in korrespondierende Spannung, indem ihre Innenbewegungen zwischen den Bildern energetisch zu fließen scheinen.

Paradoxerweise ist dies möglich aufgrund der im Bild stillgestellten Dynamik ihrer Anfertigung: je heftiger die im Bild eingefrorene Bewegung seiner Entstehung, desto größer wird der Wunsch des Betrachters nach ihrer Fortsetzung. Seine abgebrochene Dynamik strebt über die Ränder des Bildes weit hinaus. Als emotionale Kraft der visuell erspürten Dynamik des Bildinnenraums durchzieht sie den Außenraum seiner Wahrnehmung als unsichtbares Fluidum. Der so entstehende geistige Raum ist erfüllt von der Sehnsucht nach Unendlichkeit. Mit ihren überschüssigen Dynamiken erzeugen die Bilder den sie umgebenden Raum optisch noch einmal, so, wie der Klang von Musik ihn akustisch ausfüllt.

So wird die in der Komposition der Bilder wie aus Traumferne nachwirkende Musik, die doch unhörbar ist, sichtbar. Das kompositorisch als Bewegung der Farbläufe auf der Bildfläche konzipierte und aus den Bewegungsgesten des Malens entstandene Gemälde macht die Zeit anwesend, wie das Erklingen einer Musik, deren Formverläufe sich in der Gestik seiner Hervorbringung spiegeln: die als Bild fixierte Bewegung erlangt wie die Musik Dauer hinaus über die Zeit, die sie währt. Das Auge hört. Und sieht die vergangene Bewegung. Die stoffliche Präsenz der Malerei überwindet in der formalen Reflektion der musikalischen Bewegung deren Verschwinden in der Zeit, deren synästhetischer Nachklang ein unwillkürliches Element ihrer Anfertigung war. Wie Musik Bildern Zeit gibt, so geben Bilder der Musik Raum. Mahlers

Musik gliedert die Zeit durch Bilder, die Malerei gliedert den Raum durch Zeit, indem die Gestik der Farbverläufe auf der Oberfläche des Malgrundes der Zeit nacheilt wie erklingende Musik.

Die gestische Dynamik des Malens steigert sich zu einer Intensität, die sich in dem Moment, in dem sie unerträglich zu werden droht, in Erstarrung löst. Wie die Spannung, die Mahlers Symphonien in spiralförmig retardierter Bewegung aufbauen, immer wieder in triumphaler Verzweiflung über die Unerreichbarkeit ihres Zieles in zentrifugaler Dissonanz explodiert. Die »Broken Flowers« vollenden sich als erstarrende Explosion ihrer zu höchster Verdichtung gesteigerten Farbdynamik. In ihrer Fixierung mit dem letzten Handgriff, der das Bild verwirklicht, scheint sich zugleich die Sehnsucht der Musik nach Dauer ihrer Fluchtbewegung ins Unendliche zu erfüllen.

Möglich wird diese ›Parallelaktion‹ durch den Verzicht auf eine gesteuerte Figuration. *In der Kunst und in der Malerei wie in der Musik geht es nicht um Reproduktion oder Erfindung von Formen, sondern um das Einfangen von Kräften. Eben dadurch ist keine Kunst figurativ* (Deleuze, *Sensation*, 39). Die Gestik der »Broken Flowers« ist streng ›informel‹. Sie entstehen aus der *Spannung von Vorstellung und Unabsehbarem* (Adorno, »musique informelle«, 523). Ihre malerische Faktur folgt dem Prinzip eines offenen Prozesses, dessen Verlauf sich aus einer Folge ineinander übergehender spontaner Mikroentscheidungen ergibt, die auf dem Grat von Zufallsprovokation und Ergebniskontrolle in Sekundenbruchteilen aufeinander folgend getroffen werden. Die ›Komposition‹ des Bildes tritt in dem entscheidenden Moment des Abbruchs der rasanten Gestik kontrollierter Zufälligkeit hervor.

Damit entspricht das genetische Prinzip dieser Malerei exakt dem organischen Lebensprozess. Er beruht auf der Demarkation zwischen einem Innen- und einem Außenraum.

Die Haut eines lebendigen Organismus ist die Membrane zur Welt. Ihre Existenz stiftet den Gegensatz von Innen und Außen als Grundform der Selbst- und Fremdwahrnehmung des Bewusstseins. Das Selbsterleben des Leibes erfindet den Raum. Im Inneren des Bewusstseins geschieht die Organisation der Erfahrung des Außen. Die Malerei ist eine ästhetische Haut der Außenwendung einer Erfahrung als Organisation von Farben zu geformten Gebilden. Als Prozess materieller Gestaltung der Erfahrungen des Menschlich-Lebendigen wird die Bildkunst zur Haut ihres Bewusstseins. Im Inneren gebildet, als Dinge nach außen versetzt, schaffen die Bilder einen Raum, in dem ein Bewusstsein sich selbst in den Dingen seiner Äußerung gegenständlich wird.

Aus dieser Bewegung gehen Gebilde einer imaginären Flora hervor, deren Form sie in Analogie zu wirklichen Pflanzen wahrnehmen lässt. Als Bilder einer unwirklichen Natur setzen sie die Dynamik der wirklichen zu unendlicher Fortsetzung ihrer vitalen Formerfindungen ästhetisch fort. Der Natur entspricht die Kunst nicht in dem, was sie zeigt, sondern darin, wie sie entsteht. *Das Gebildete wird sogleich wieder umgebildet, und wir haben uns, wenn wir einigermaßen zum lebendigen Anschaun der Natur gelangen wollen, selbst so beweglich und bildsam zu erhalten, nach dem Beispiele mit dem sie uns vorgeht* (Goethe, *Werke*, Bd. 70, 10). Im Moment der höchsten Steigerung der Beweglichkeit ihrer Faktur gleichsam eingefroren, konzentrieren die »Broken Flowers« eine unendlich gestaltende Energie, die sich dem Raum, den sie um sich bilden, ebenso mitteilt, wie dem Betrachter, der sich ihnen gegenüber in einem zweiten Erlebnis-Raum unablässig pulsierender Intensitäten wiederfindet.

Als pseudorealistische Darstellungen von Pseudopflanzen ist das ›Lebensgesetz‹ dieser Bilder das der Metamorphose so genau wie es das wirklicher Pflanzen ist. Als Entstehung einer Gestalt im übergangslosen Fließen des Entstehens und Vergehens von Formen im Strom der Farbverläufe retten sie die Zeit ihres Entstehens in die Gestalt ihrer Präsenz als Dinge im Raum. So wird das Geschehen auf der Leinwand, das das Bild als dreidimensionales Ding im Raum hervorbringt, zu der extrem verdichteten und zeitlich gerafften ästhetischen Gestalt des elementaren Lebensprozesses.

Dabei ist die *Zerstörung der Ordnung* der auf der Leinwand aufgetragenen Farbschichten, in die die Bewegungen der Hand formend, korrigierend, und neuformend eingreifen, *selbst eine Zeit* (Serres, »Räume und Zeiten«, 203). Geleitet sind sie von dem Versuch, Anderes, Unbekanntes als Spur im abgelaufenen Bewegungsstrom hervortreten zu lassen.

Dieser malerische Werkprozess der Provokation des Zufalls, aus dem in der spontanen Geste der Farbbehandlung entsteht, was zu werden erwartet wird, das in der bewussten Kontrolle der Hand, die korrigiert, was die vorhergehende Bewegung hervorbrachte, in Erscheinung tritt, gewährt für die Zeit seiner Dauer Aufschub im Prozess der Vernichtung dessen, was es entstehen lässt, als welcher das Leben sich vollzieht. Und macht den Akt der Widerrufung, auf den jeder Lebensprozess zuläuft, im kompositorischen Eingriff ins Entstehen der Farbformen zum Mittel des ästhetischen Widerstandes gegen den Triumph des Vergehens in der Zeit, indem er in dem Moment, in dem das Bild zu erkennen gibt, nun fertig da zu sein, den Prozess seiner Herstellung abbricht. Aber die stillgestellte Dynamik drängt über die Begrenzung des Bildraumes, in dessen Begrenzung sie nun fixiert ist, in unendlich sich fortsetzen wollende Bewegung hinaus. Wie Musik, die endete, nachklingt.

In ihrer malerischen Strategie der Emergenz, aus einem kontrollierten Spiel der Zufälle entstehen zu lassen, was sich in dessen Verlauf als ins Sein drängend zu erkennen gibt, korrespondiert diese Bildkunst der musikalischen Sehnsucht, den Klang vor dem Vergehen mit der von ihm erzeugten Zeit zu bewahren. In den »Broken Flowers« geschieht visuell, was sich in einem Werk der Neuen Musik wie György Ligetis »Atmosphères« (1961) akustisch ereignet. Die Beschreibung seines Verfahrens spiegelt das der »Broken Flowers« genau. *Die Stimmen bewegen sich, und trotzdem steht der Klang still. Die Ostinati werden nun so gruppiert, daß sie in verschiedener rhythmischer Gliederung vor sich gehen, so daß die Einzelbewegung in einem Gesamtzustand des Verwischens aufgeht* (Kaufmann, *Strukturen*). Die Künste korrespondieren, da sie von derselben Sehnsucht getragen sind, Vergänglichkeit nicht zu überwinden, was unmöglich ist, aber zu neutralisieren, indem sie mit ihren Werken Zeugnisse eines Daseins schaffen, die es überdauern. In ihnen bleibt aufgehoben, was als ihr Ursprung unausweichlich dem Verschwinden ausgesetzt sein wird. Ihre Strategie dazu ist die Verwandlung der Bewegung. Als Gesetz der Vitalität dem Ende zustrebend, bringt sie ästhetisch Dauer hervor.

Der Abbruch der Bildgenese, in dem die »Broken Flowers« sich vollenden, ist deshalb das genaue Gegenteil des Todestriumphes, mit dem jeder Lebensprozess endet. Die ästhetische Unterbrechung der Bewegung ist ein Akt vitalen Widerstandes gegen den ultimativen Abbruch der Lebensbewegung selbst, indem sie in jedem Moment des künstlerischen Prozesses ein neues Beginnen ermöglicht. Der ›Tod‹ seiner Entstehung, der das Bild zur Totenmaske der Lebensströmung macht, die es erzeugte, ist der Beginn seines Lebens als Zeugnis des unendlichen Prozesses von Werden, Wandel und Vergehen, für den es keinen Endpunkt gibt, außer das Ende allen Seins in der Entropie des Universums.

Jedes Werk ist mehr, als es ist: immer über das hinaus, was es realisiert, eine Spur von etwas, das es als materieller Hinweis bezeugt, ohne es zu sein. Darin ist die Anthropomorphie der Kunst so total wie unvermeidlich. Jede geformte Äußerung ist ein allegorischer Hinweis auf etwas, das sich in der Erfahrung bemerkbar gemacht hat, deren Gestaltung das Werk ist, ohne doch selbst jemals werden zu können, was es bezeugt. Es ist der materielle Zeuge dessen, wodurch es hervorgebracht wurde, ohne dass sein Ursprung in ihm gegenwärtig würde: ein Sein, das seine Wirklichkeit in dessen Abwesenheit beglaubigt. Der Künstler steht ein für ein abwesendes Sein; sein Werk bedeutet, dass es als Wirkung, die es erzeugt hat, vorhanden ist, ohne ›da‹ zu sein. Das Werk bereitet ihm einen Ort im ›wandlosen Raum‹ des Seins.

Darauf beruht die raumbildende Kraft dieser Malerei als einer plastischen, dreidimensionalen Kunst. *Wir müßten erkennen lernen, daß die Dinge selbst die Orte sind und nicht nur an einen Ort gehören* (Heidegger, »Raum«, 11). Die dinghafte Kraft der »Broken Flowers« manifestiert diese topogenetische Energie der konkreten Malerei, die ein Ding aus Farbmaterie ist, hergestellt in der metamorphotischen Formgebung der elementaren Lebensdynamik. Indem sie etwas ›sind‹, wodurch ihre optische Illusion der Darstellung wirklicher Natürlichkeit auf etwas verweist, was es im Universum der Zufallswirklichkeiten geben könnte, erzeugt ihre Anordnung in einem gegebenen Raum einen anderen Raum: eine Sphäre, in der die imaginäre Innerlichkeit der Ästhetik der Erfahrung in die äußere Wirklichkeit hervortritt als Ding unter Dingen.

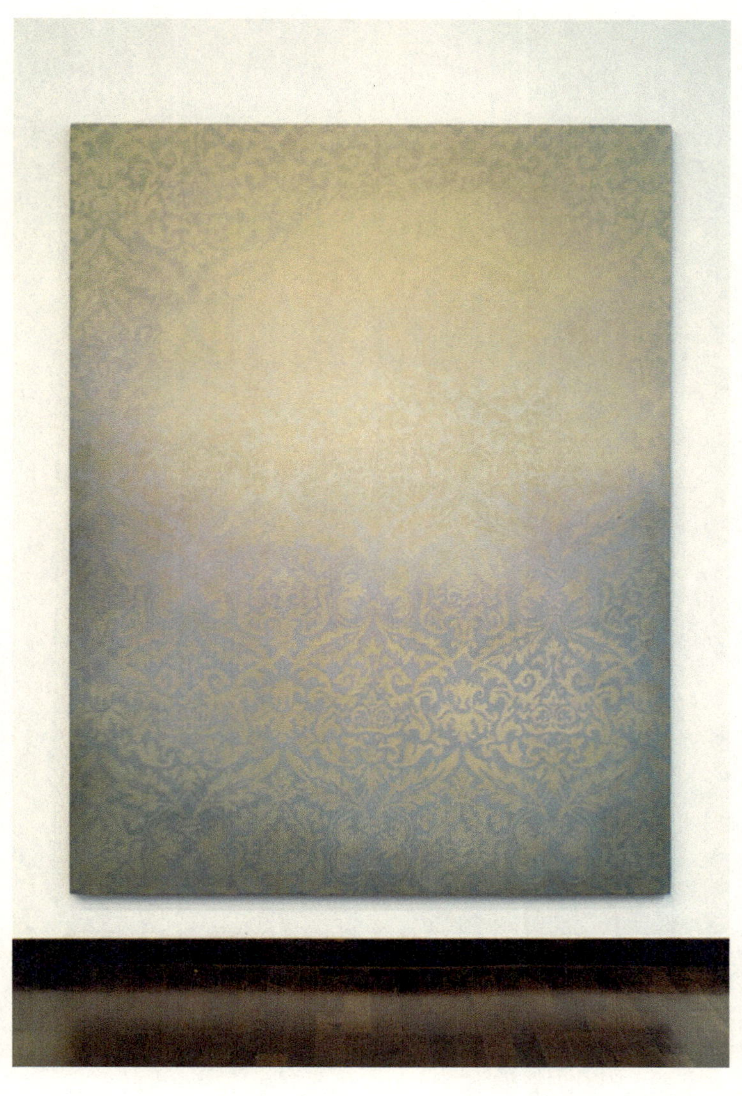

11 »Apparition«

IX

Cosimas Tapete und die Ampeln des Lebens *»Apparition«*

Das Bild ist die Realität der unsichtbaren Welt.
José Lezama Lima

Erscheinung

Hans Blumenberg hat nur eine einzige autobiografische Mitteilung veröffentlicht. Unter dem Titel »Eine Begriffsgeschichte« hat er sie seinen Überlegungen zur Entstehung von Begriffen vorangestellt (*Begriffe in Geschichten*). Sie handelt von einer Jugenderinnerung. In der Dunkelkammer seines Vaters beobachtet er, wie ein Foto im Entwicklerbad entsteht. *Was mich faszinierte, war der Prozeß, wie aus dem Nichts etwas entstand, was vorher ganz und gar nicht dagewesen war.* Die chemischen Vorgänge, die der Vater ihm erläutert, interessieren ihn nicht. *Dafür gedieh der erste Artikel meines Credo: Ich wußte, ich sah es vor mir, wie es bei der Erschaffung der Welt zugegangen war. Erst nichts, und dann etwas – und etwas nur, weil zuerst einmal für Licht gesorgt worden war. (...). Unter meinen Händen, bei vorsichtigstem Schwenken der Platten in den Bädern kam die Welt zutage – natürlich nicht mit soviel Aplomb und Tohuwabohu wie im biblischen Auftakt, aber doch im Prinzip nach keinem anderen Verfahren.*

In der Rückschau erscheint ihm dieses frühe Erlebnis als Ursprung seines Verständnisses des wichtigsten Werkzeugs seiner Arbeit als Philosoph. *Seither ahnte ich wenigstens, wie Begriffe entstehen.*

Ganz darauf konzentriert, entgeht ihm, dem Phänomenologen, dass seine Beschreibung, wie die Welt im erscheinenden Foto vor ihm als Bild entsteht, die Veranschaulichung des ›Phänomens‹ mit enthält, des Grundbegriffs seiner Denkdisziplin der Phänomenologie. ›Phänomen‹ ist, was sich zeigt. *Als Bedeutung des Ausdrucks »Phänomen« ist daher festzuhalten: das Sich-an-ihm-selbst-zeigende, das Offenbare* (Heidegger, *Sein und Zeit*, § 6, 28). Im Sich-Zeigen der Dinge in ihrer Wahrnehmung wird die Welt, in der es sie gibt, wirklich, indem sie im Bewusstsein ›erscheinen‹ (vgl. Steffens, »Die Erscheinung der Erscheinung«, in: ders., *Auf Umwegen*, 319–323).

Wie sich derart Wirklichkeit im Bewusstsein ästhetisch manifestiert, so ist ein Bild als Gestalt einer Wahrnehmung ein ›Phänomen‹: im Prozess seiner Anfertigung erscheint es im Bewusstsein seines Urhebers, dann als Ding in der Welt, schließlich als wahrgenommenes Ding im Bewusstsein dessen, der es sieht.

In Hinrichs' Malerei wird diese selbst zum Mittel, diese ästhetische Staffelung ihrerseits sichtbar werden zu lassen: zur Veranschaulichung der ästhetischen Produktivität des menschlichen Weltverhältnisses. Indem Malerei zeigt, wie Wirklichkeit für uns ›ist‹, sich als etwas in der Welt zur Erscheinung bringt, trägt sie zur Standhaftigkeit im Dasein bei, dessen Selbsterhaltung darauf beruht, zu wissen, was sie zu leisten hat, und wie sie es kann.

Bild des Denken s

... an der dritten Wand hing ein Poster
des amerikanischen Malers Cy Twombly ...
Lanz liebte dieses Bild. Es war für ihn die Aufnahme
einer Tausendstel-Sekunde des Hirnprozesses ...

Gerhard Roth, *Die Hölle ist leer*

Mallarmés bedeutendste Leistung war das Werk Valérys. Was er wollte, hat in diesem freigesetzt, dessen es bedurfte, es zu verwirklichen. In der Überzeugung lebend, der Literatur endgültig abgeschworen zu haben, sollte die Begegnung mit Mallarmé ihm ermöglichen, was er nicht mehr wollte, eine andere Literatur zu erfinden. Eine, die Selbstdarstellung des Denkens sein kann, auf dem sie beruht: Poesie als Poetik der Gedanken.

Nur wenige der Werke, die die Moderne prägten, sind so sehr von der Disproportion zwischen Umfang und Wirkung gekennzeichnet, wie das Mallarmés. Aus fast nichts ging fast alles hervor.

Damit korrespondiert es ihrer metaphysischen Hintergrundgeschichte. Hinter dem Programm der Neuzeit, die Welt göttlicher oder natürlicher Bestimmung durch eine Welt humaner Leistung zu ersetzen, blieb die Ungelöstheit des Problems des Verhältnisses von Nichts und Sein dadurch virulent, dass man es auf sich beruhen ließ. Metaphysische Enthaltsamkeit der Philosophie ermutigte die Künste zu philosophischer Verwegenheit. Dass Antworten ausbleiben oder verschwinden, macht die Fragen umso regsamer.

In Mallarmés »Würfelwurf«, auf dem seine langfristige Tiefenwirkung beruhte, treffen abgebrochene Metaphysik und aufbrechende Ästhetik aufeinander. Die Energie, die ihr Zusammenprall freisetzte, brachte Valérys Werk einer Reflexionspoesie hervor, in der Philosophie und Sprachkunst ununterscheidbar werden.

Noch zwei Jahrzehnte nach Mallarmés Tod wird die Überwältigung, die beider Begegnung für Valéry bedeutete, noch einmal an dem Enthusiasmus spürbar, der die Nüchternheit seiner Sprache durchbricht, als er 1923 seine »Erinnerung an Mallarmé« schreibt.

Anfang 1920 hatte er sich, schreibt er an André Gide, durch einen jener Literatenstreite *in Wut versetzt*, die das Zeitschriftenwesen in Gang halten, indem sie ihm den Anschein vitaler Brisanz verleihen, gezwungen gesehen, einzugreifen (*Briefwechsel*, Nr. 400, 596). So entstand »Über den ›Würfelwurf‹ Mallarmés«, eine Überlegung, deren eigene Bedeutung die ihres Gegenstandes noch übertrifft.

In einem Akt intimster Auszeichnung hatte Mallarmé Valéry dieses erste Stück einer konkreten Poesie vorgetragen, das seinen Ruhm auf hermetische Rätselhaftigkeit gründen sollte. Der Schock, den der »Würfelwurf« Valéry versetzte, ist das Unerwartete, in ihm einer Verwirklichung dessen zu begegnen, worauf er längst hinauszudenken begonnen hatte, ohne es literarisch einzulösen zu versuchen: die Verwirklichung des Denkens als Selbstdarstellung in einer Form. *Ich sah, so schien mir, die Figur eines Gedankens, die zum erstenmal in den Raum gebreitet war … Hier sprach wirklich die räumliche Weite, sie sann, gebar zeitliche Formen. Erwartung, Zweifel, geistige Gespanntheit waren s i c h t b a r e D i n g e geworden. Mein Blick fiel auf gleichsam körperlich gewordenes Schweigen. In Ruhe ließen sich unschätzbar flüchtige Augenblicke betrachten: der Sekundenbruchteil, während dessen ein Gedanke aufschrickt, leuchtet, verlischt; das Zeitatom, das als Keim psychologische Äonen und endliche Folgen in sich birgt, – sie traten nun auf wie lebendige Wesen, rings umgeben von ihrem wahrnehmbar gemachten Nichts* (Valéry, *Mallarmé*, 11f.).

Mit der Typografie des »Würfelwurfs«, *die das Wichtigste an seinem Unternehmen war* (a.a.O., 13), wird das Gedicht zum Bild des Denkens, das es, verklausuliert in Metaphern, ausspricht. Seine grafische Gestalt setzt die Darstellung des Gedachten an die Stelle der traditionellen Äußerung des Denkens als lineare Schrift (Mallarmé, *Sämtliche Gedichte*, 177–195). Seine Form zeigt die Struktur seines Inhalts. Der metaphysische Gedanke, der einen wahrnehmbaren Weltgehalt als Zufallsverwirklichung seiner in der unablässigen Bewegung des Seins enthaltenen Möglichkeit versteht, wird zur Erscheinung im Bild.

Genau das geschieht im Prozess der Entstehung der gestischen Malerei Hinrichs'. Mit dem Erscheinen einer Figur, die die Gestik des Malens aus der Farbmaterie hervortreibt, endet die Kontingenz dessen, was sie an möglichen Bildungen enthält. *Der Augenblick des Erscheinens in den Werken (...) ist die paradoxe Einheit oder der Einstand des Verschwindenden und Bewahrten* (Adorno, *Ästhetische Theorie*, 124). Er beendet die Unentschiedenheit der Kontingenz, dass etwas, das sein kann, auch nicht sein kann; dass das, was sich zur Wirklichkeit klärt, in dem Moment, in dem es geschieht, sich auch anders realisieren könnte – dem Moment, in dem der Maler seine figurative Gestik unterbricht, und stehenlässt, was sie gerade jetzt hat entstehen lassen, das, würde sie fortgesetzt, im nächsten Moment schon zu etwas anderem würde, und darin unwiederbringlich wieder verschwände.

Diesen Moment, der dem *Sekundenbruchteil, während dessen ein Gedanke aufschrickt, leuchtet, verlischt*, genau entspricht, zu erkennen, und ihn als Figur in der Ordnung des entstehenden Bildes zu bewahren, ist die sie bildende Herausforderung dieser Malerei, ihr Risiko und ihre Lust: den Augenblick nicht zu verpassen, in dem der Malakt hervorbringt, was sich zum stimmigen Bild fügt. Ihn festzustellen, ist die Antwort auf die Frage, die Francis Bacon sich unentwegt stellte, wie *das Mysteriöse an der Erscheinung innerhalb des Mysteriösen der Bildherstellung zu erfassen* sei (Sylvester, *Gespräche*, 107). Ihn nicht verstreichen zu lassen, ist die Bestimmung dessen, *was Erscheinung ist* (a.a.O.). *Es ist so etwas wie ein magischer Augenblick notwendig, um Farbe und Form so verschmelzen zu lassen, daß es ein Äquivalent zur Erscheinung gibt, zur Erscheinung, die man gerade sieht, denn die sogenannte Erscheinung bleibt nur einen Augenblick lang diese Erscheinung. Innerhalb einer Sekunde blinzelt man vielleicht oder wendet den Kopf ein bißchen zur Seite, und wenn man wieder hinschaut, hat sich diese Erscheinung verändert* (a.a.O., 120).

Dem korrespondiert die spätmittelalterliche Metaphysik des Duns Scotus (vgl. Agamben, *Bartleby*, 53) ebenso wie die des ›Seinkönnens‹ des Nikolaus von Cues, wie die barocke der *Theodizee* Leibniz', die die Apologie der Welt der Schöpfung als beste aller möglichen auf die Hierarchie möglicher Realisierungen möglicher Welten gründet. *Es gibt keine Verpflichtung zum Unmöglichen* (Leibniz, *Theodizee*, 403). Alles Wirkliche ist es nur, weil es möglich war. Nichts, was wurde, hätte unmöglich sein können; alles, was wurde, ist Teil der Vollkommenheit dessen, worin es wirklich wird, als Fülle des Möglichen. Die Welt ist vollkommen, nicht, weil sie alles realisiert, was sein kann; sondern weil sie alles, was in ihr ›ist‹, als eine ihrer Möglichkeiten enthält. Die wirkliche Welt steht gleichsam an der Spitze einer Pyramide aller möglichen Welten, die einem *Palast der Schicksalsbestimmungen* gleicht. *Er enthält die Darstellungen nicht nur des Geschehenden, sondern auch alles Möglichen*. Der Schöpfer *hat in ihn hineingeblickt vor dem Beginn der wirklichen Welt; er hat die möglichen Welten überdacht und die beste von allen erwählt* (a.a.O., 408). Wie der Maler die in seinem Malprozess entstehenden Figuren gemäß den kompositorischen Anforderungen des entstehenden Bildes wählt und stehen: ›sein‹ lässt.

Alles hat seinen Platz in der Ordnung des Möglichen. Alles, was ist, gibt es als Realisierung einer Möglichkeit, die es nur in dem Sein geben kann, in dem es erscheint. Zu jeder möglichen Welt aber gibt es eine mögliche andere. Was in der einen wirklich ist, ist es in der anderen nicht. Wie man in einem anderen Leben, nach dem man sich sehnen mag, nicht der wäre, der man in diesem ist. Die beste Welt ist die letzte, zu der es keine andere mehr geben kann: Moment der Schöpfung; Moment der Erscheinung der einen aus allen möglichen Figuren, die in diesem Augenblick des Malakts die beste ist, derer das entstehende Bild zu seiner Vollkommenheit bedarf.

Dieser Moment erfüllt den ›Sinn‹ dieser Malerei: die im Malakt entstandene ›Figur‹ als ›Phänomen‹, als provozierte Erscheinung von etwas hervorzubringen, das sich als Möglichkeit aus der Fülle unendlicher Möglichkeiten, die im Malmaterial geborgen, aber nicht angelegt sind, realisiert.

Die Entscheidung, die in ihm getroffen wird, aber ist kein Werturteil. *Denn Verlust und Gewinn wiegen gleich viel in der Ökonomie der Kunst, wo das Nichtgesagte das Licht des Gesagten und jede Präsenz zugleich Absenz ist* (Beckett, *Die Welt und die Hose*, 19f.). Was erschien, ist nicht mehr wert als das, was an seiner Stelle hätte erscheinen können. Das Urteil, das das Erschienene sein lässt, fällt nicht der Maler, sondern das Bild.

Cosimas Tapete

Es mag keine phänomenologische Ästhetik geben können, weil die Stimmigkeit des ästhetischen Urteils im Gegensatz zu jener der intersubjektiv kompatiblen Bewusstseinsinhalte so subjektiv verschieden bleibt, wie es beurteilende Subjekte gibt (Blumenberg, *Phänomenologische Schriften*, 499ff.). Aber eine phänomenologische Malerei: eine, die anschaulich macht, was ein Phänomen ist. Als Provokation von Erscheinungen aus der probalitätsverdichteten Malmaterie durchgeführt, ist Hinrichs' gestische Malerei eine phänomenologische.

»Apparition« dagegen ist ein durchkonstruiertes Bild. Seine Konstruktion leistet jedoch dasselbe wie die rein gestischen Gemälde. Mit dem einen Unterschied, dass es das Licht als unbedingte Voraussetzung der Wahrnehmbarkeit dessen, was erscheint, betont.

Farblich modifiziert, nimmt es das Muster der Tapete im Lila Salon der Wagner-Villa in Bayreuth auf, die nach historischen Fotografien bei deren Restaurierung rekonstruiert wurde. Die spezifische Zusammensetzung des Malmaterials verleiht ihm ein in seiner Helligkeit derart differenziertes Eigenlicht, dass es den Blick des Betrachters mit einer Strahlkraft trifft, deren auf dem Bild selbst changierende, bis an die Grenze der Blendung getriebene Intensität sein Motiv zugleich erscheinen und beinahe wieder verschwinden lässt. Womit es den Charakter seines realen Motivs in Cosimas wiederhergestelltem Salon manifestiert, die Erinnerung an etwas zu sein, das es gab, aber durch seine Zerstörung im Krieg verschwand. Es ist eine materialisierte Erinnerung, die das Abwesende erscheinen lässt, als wäre es anwesend. Es bringt als Bild zur Erscheinung, was nicht mehr gesehen werden kann. So dass es zu verschwinden scheint, während es betrachtet wird.

Das Abwesende behandeln zu können, als wäre es anwesend, aber ist die Leistung des Begriffs (Blumenberg, *Theorie der Unbegrifflichkeit*, 9), die ihn befähigt, Werkzeug der Lebensgestaltung zu sein. Das Bild, das eine Abwesenheit veranschaulicht, wie Hinrichs' »Apparition« Cosima Wagners Tapete, das im Bewusstsein erscheinen lässt, was in seiner Realität nicht mehr als eines seiner Phänomene dessen Inhalt sein kann, wird zu dessen realem Statthalter.

Mit dieser Leistung konvergiert das Bild mit der des Begriffs. Gemeinsam ist ihnen die *Indifferenz gegen die Anwesenheit dessen, was sie vorzustellen anweisen* (Blumenberg, »Ausblick«, 89). Aber während der Begriff als Werkzeug der Weltbewältigung auf *Ersetzung der Gegenwärtigkeit* (Blumenberg, *Theorie der Unbegrifflichkeit*, 9) dessen, was er bezeichnet, setzt, um auch das Abwesende im Denken handhabbar zu erhalten, kommt es dem Bild darauf an, dem, was nicht als real Seiendes wahrnehmbar ist, eine sinnliche Ersatzwahrnehmbarkeit zu verschaffen. Das Bild bezeugt ein Sein, das der Begriff auf sich beruhen lässt, um darüber verfügen zu können.

Licht

Die Nacht versetzt die Welt in anwesende Abwesenheit. Ihre Finsternis beraubt sie ihrer Wahrnehmbarkeit, die sie für uns wirklich sein lässt. Ihre Phänomenalität, ihr Erscheinen im Sehsinn und darauf im Bewusstsein, beruht auf dem Tageslicht der Sonnenstrahlung. Damit etwas ›sich‹ zeigen, Erscheinung werden kann, braucht es *die Helle, d.h. das, worin etwas offenbar, an ihm selbst sichtbar werden kann* (Heidegger, *Sein und Zeit*, § 6, 28).

Die Erfindung künstlicher Lichtquellen, vom offenen Feuer, dem Herd, über die Kerzen aus Wachs, Talg und Stearin, bis hin zu den mit Petroleum, Gas und Elektrizität betriebenen Lampen, gehört zu den unterschätzten wesentlichen Leistungen der Kulturgeschichte. Sie garantieren die jederzeitige Gegenständlichkeit der Weltinhalte, und damit die Zuverlässigkeit der aus deren Zuordnung zu den Lebensbedürfnissen gestalteten Daseinsordnungen des Menschen.

Für die Malerei als Manifestation der Weltbeziehung im Bild muss das Schwarz, die Farbe der Nacht und der ausgesetzten Sichtbarkeit, die größte Herausforderung sein (vgl. Weitemeiner, *Schwarz*). Ein Maler, der sich seiner Macht nicht aussetzte, hat sein Werk noch nicht begründet. In ihm sind alle Farben als reine Möglichkeit versammelt. Sie aus ihm zu entbergen, hat Pierre Soulages in obsessiver Ausschließlichkeit als Aufgabe seiner Malerei gewählt. Die reliefartige Oberflächentopografie ihrer pastosen Farbmasse lässt die im opaken Schwarz enthaltenen Farben je nach Lichteinfall sichtbar werden. Die Brechung der Strahlen, die auf sie treffen, dringt in die Malmaterie ein, und lässt sie in Mikroblitzen aufleuchten.

Nur eine Herausforderung übertrifft diese noch: die Malmaterie durch Schichtung und Mischung so zu bearbeiten, dass das aus ihr hervorgetriebene Bild selbst zur Quelle des Lichtes wird, das seine Sichtbarkeit bestimmt, statt es von außen empfangen zu müssen. Dies geschieht in Hinrichs' »Apparition«. Im dunklen Raum bedarf das Bild keines auftreffenden Lichts; es selbst leuchtet. Als *hellstrahlendes Geheimnis oder (...) als geheimnisvolle Helligkeit* (José Lezama Lima, »Interview«, 172) wird es zur künstlichen Korrespondenz einer der faszinierendsten Naturerscheinungen des Lebendigen. Das aus sich selbst leuchtende Bild zeigt die Strahlkraft als Essenz des Lebendigen: es macht sichtbar, was in diesem unsichtbar wirkt.

Lebens-Licht

Sich von sich aus zu zeigen, Erscheinung im Reich des Sichtbaren zu werden, ist eines der wesentlichen Merkmale alles Lebendigen. Auch seine Phänomenalität wird durch Licht ermöglicht. Dessen Einwirkung als *strahlende Energie* (Planck, *Wesen des Lichts*, 13) auf die organische Verfassung führt bei der Pflanze zur Bildung der Gestalt, als die sie als Naturphänomen wahrnehmbar ist.

Das Grün um uns ist das Werk eines Farbstoffs, des Chlorophylls, das nicht etwa in großen Flüssigkeitsräumen der Pflanzenzellen gelöst, sondern eingeschlossen ist in winzige Farbkörperchen von kompliziertem Bau. Es sind sich selbst vermehrende Glieder des lebendigen Protoplasmas, mit der erstaunlichen Fähigkeit, das Sonnenlicht energetisch zu verwenden, um aus Kohlensäure und Wasser Zucker und Stärke aufzubauen. Dieser biochemische Vorgang, der anorganische Stoffe in organische verwandelt, verlangt von der pflanzlichen Gestaltung die flächige Ausbreitung großer Pflanzenteile im Licht. Diese Forderung der Formbildung nach außen wird erfüllt mit Hilfe von Wuchsstoffen, deren Wirkungsweise (…) die Drehung und Wendung von Stempel und Blatt durchführt (Portmann, »Erleuchtung und Erscheinung«, 35).

Das Licht macht nicht nur sichtbar; es bestimmt auch die Seinsform dessen, was es sichtbar werden lässt. *Der Umgang mit dem Licht geschieht bei Pflanzen durch die Schöpfung des Blattes. (…). Auch bei der Metamorphose des Blattes zur Blume wird das Licht mit eingegliedert, indem es die Blütenfarbe sichtbar macht und damit auch die Beziehungen zu den bestäubenden Tieren herstellt* (a.a.O., 36f.).

Dieser Selbstgestaltungsprozess geht über die reine Funktionalität der Erhaltung hinaus, indem er so lange anhält, bis eine *unverwechselbare Erscheinung* entstanden ist. *Alle Gestaltung im Bereich des Sichtbaren ist unter anderem auch derartige Selbstdarstellung* (a.a.O., 38). *Sinn der vegetativen Formenfülle ist nicht zuerst und zuoberst, wie das in mancher Lebensdefinition scheinen mag, die bloße Erhaltung und Fortpflanzung, sondern die Selbstdarstellung, das Erscheinen im Lichte*. Womit *eine wesentliche Eigenschaft des Lebendigen ausgesprochen ist* (a.a.O., 38f.), die nicht nur für die Flora, sondern ebenso für die Fauna bis hin zum Menschen gilt. Alles Lebendige ist selbst Erscheinung. Seine äußere Wahrnehmung ist die Wirkung einer inneren Prägung der Organismen, die auf ihre Erscheinung im Wahrnehmungsfeld ihrer Umwelt von sich aus ausgerichtet ist. Was wir sehen, ist das, was wir sehen sollen. Das Phänomen bestimmt nicht nur wie, auch, als was es erscheint.

Nicht anders verhält es sich mit den Kunstwerken des Sehens. *Sie sind Dinge, in denen es liegt zu erscheinen. Ihr immanenter Prozeß tritt nach außen als ihr eigenes Tun, nicht als das, was Menschen an ihnen getan haben und nicht bloß für die Menschen. Im Phänomen des Feuerwerks, das um seiner Flüchtigkeit willen und als leere Unterhaltung kaum des theoretischen Blicks gewürdigt wurde, haben sie ihr Modell; einzig Valéry hat Gedankengänge verfolgt, die zumindest in seine Nähe führen. Es ist apparition kat exochen: empirisch Erscheinendes, befreit von der Last der Empirie als einer der Dauer, Himmelszeichen und hergestellt in eins, Menetekel, aufblitzende und vergehende Schrift* (Adorno, *Ästhetische Theorie*, 125).

Das Erscheinen des Bildes ist zugleich eine Emanation der Lebendigkeit, die es hervorbringt: in ihm tritt der Maler aus sich heraus, und wird mit ihm zur Plastik dessen, was sein Leben ausmacht.

Dabei kommt es im Malakt auf den Moment an, in dem das Flüchtige als geprägte Form, als Figur aus dem Prozeß der Bildwerdung hervortritt. *Ist apparition das Aufleuchtende, das Angerührtwerden, so ist das Bild der paradoxe Versuch, dies Allerflüchtigste zu bannen* (a.a.O., 130). Der Moment der Erscheinung ist ein Ereignis in der Zeit; der Lebenszeit dessen, der sie provoziert. *Was an ihm erscheint, ist seine innere Zeit, und die Explosion der Erscheinung sprengt deren Kontinuität,* indem der Lauf der Zeit, in dem sie sich ereignet, für diesen Augenblick, und dann in der veränderungslosen Dauer des als Bildding Erschienenen, stillgestellt wird. *Verewigt wird die stillstehende Bewegung im Augenblick, und das Verewigte vernichtet in seiner Reduktion auf den Augenblick* (a.a.O., 132).

Das Lebendige erscheint nicht einfach; es sorgt dafür, *dass* es erscheint. Selbst dann, wenn es ohne sein eigenes Zutun nicht möglich wäre. Wie die Glühwürmchen, deren Körper in lichtloser Nacht das Licht erzeugt, dessen Abstrahlung sie so intensiv leuchten macht, dass sie unübersehbar werden. *Es gibt keine lebendige Kommunikation ohne eine Phänomenologie der P r ä s e n t a t i o n, bei der ein Individuum einem anderen gegenübertritt – es anzieht oder zurückweist, es begehrt oder verzehrt, es anblickt oder ihm ausweicht. Die Glühwürmchen präsentieren sich ihren Artgenossen durch eine Art m i m i s c h e r Geste, deren außergewöhnliche Besonderheit darin besteht, nur ein Strahl intermittierenden Lichts, ein Signal und in diesem Sinne eine Geste zu sein. Heute weiß man, dass auf der fundamentalsten Ebene alle Lebewesen Photonenströme aussenden, sei es im sichtbaren Spektrum oder im ultravioletten Licht* (Didi-Hubermann, *Überleben der Glühwürmchen*, 53f.).

Als Außenwendung der inneren Verfassung eines Organismus', mit der er auf seine äußere Umwelt reagiert, der Mensch sein Inneres nach außen kehrt, wenn sein Gesicht vor Freude ›strahlt‹, in Trauer verhangen oder in Schmerz verzerrt ist, er in Erregung oder Scham errötet, ist seine Gestalt das reale Bild seiner Eingebundenheit in den Bereich seines Weltanteils und der Resonanz seiner Einwirkungen auf ihn.

Mehr noch als das Sehen ist das Gesehenwerden *eine vorbereitete Weltbeziehung* (Porstmann, a.a.O., 45), für die das Gesehene selbst sorgt. Mit seiner Selbstgestaltung zur Erscheinungsform verwandelt ein Lebewesen seine natürliche Umwelt in die Eigenwelt seiner Seinsform, und teilt sie denen mit, die zu ihr im selben Lebensraum in Beziehung stehen. Dabei spielt der elementare Aspekt der Selbsterhaltung keine Rolle. *Wesen mit Weltbeziehung sind nicht nur lebende Maschinerien, die stoffwechseltreibend tätig sind, ja um dieses Stoffwechsels willen recht eigentlich da wären. Sie sind allem voran Wesen, die sich in ihrer Eigenart darstellen* (Portmann, a.a.O., 54).

In Flora und Fauna spielen dabei die Farben eine unentbehrliche Rolle. *Wir werden uns darauf besinnen müssen, daß die Herstellung von Blau, Grün, Rot und Schwarz, die Erzeugung von Weiß oder Gelb, das Auftreten jedes farbigen Musters biologische Gegebenheiten sind, die genau so sinnvoll geordnet sind wie alle anderen Vorgänge im lebendigen Organismus* (a.a.O., 55).

In dieser Perspektive wird die Farbkunst der Malerei zu einem eminent biologischen Phänomen. So, wie das gemalte, aus Farbmaterie hervorgetriebene Bild, das zeigt, was ein Phänomen ist, aus sich selbst heraus leuchtet, so sehr, dass es in einem dunklen Raum selbst zu einer Lichtquelle wird, wie Hinrichs' »Apparition«, erscheint das Lebewesen Mensch im Licht seiner Kunst. Der ›Biolumíniszenz‹ der Fauna entsprechend, ist sie eine Selbstpräsentation des Menschen. Deshalb ist Anthropoästhetik möglich, die Erkenntnis des Lebewesens Mensch aus den Leistungen der Entäußerung seiner Lebendigkeit in Werken aller Art, die die der Kunst nicht repräsentieren, sondern auf exemplarische Weise *sind.* Kunst ist eine Elementarform der Weise, wie Menschen lebendig sind; nicht, indem Kunst gemacht wird; vielmehr, indem das ›Machen‹ der Kunst zeigt, wie das Menschliche ›ist‹: als ästhetische Gestalt des menschlichen Seinsmodus'.

Als Bild der Selbstdarstellung bezeugt »Apparition« die elementare Kraft der Kunst zur ›Erleuchtung‹ möglicher Selbsterkenntnis des Menschlichen als Erscheinungsform des Lebendigen in den Gestalten seiner Äußerungen. Ein Werk der Kunst ist eine unmittelbare individuelle Äußerung verarbeiteter Erfahrung, die als geformtes Ding in Erscheinung tritt, um seinerseits als Phänomen wahrgenommen, und Teil der Erfahrung anderer Individuen werden zu können. Als kultureller ›Luxus‹ jenseits der Selbsterhaltungsanforderungen missverstanden, bestätigt die Kunst die Entschlossenheit der Lebensforschung, sich von der *bedenklichen Vergessenheit aller der Lebensmerkmale, die nicht unmittelbar der Erhaltung der Art oder dem Stoffwechsel des Individuums dienen*, freizumachen. *Sie muß anerkennen und in die Tat umzusetzen, daß Weltbeziehung durch die rätselvolle Innerlichkeit und Selbstdarstellung dieses Innerlichen höchste Lebenseigenschaften sind* (Portmann, a.a.O., 56). Was der Biologie als Naturwissenschaft vom Menschen spät zu entdecken blieb, gehört zu den

Grundlagen der Künste, seit es sie gibt. Sie ›wissen‹ nicht, was der Mensch wesentlich ist; aber sie manifestieren es. Unter allem, was sonst noch, ein Lebewesen, das sich selbst als ein Phänomen der Welt zur Darstellung bringt. Einer Darstellung, die in die Materien der Welt so eingreift, wie der Maler in die seiner Farben.

Literatur

Adorno, Theodor W., »Über einige Relationen zwischen Musik und Malerei«, *Anmerkungen zur Zeit 12*, Akademie der Künste, Berlin 1967.

Adorno, Theodor W., »Vers une musique informelle« (1961), in: ders., *Gesammelte Schriften* 16: *Musikalische Schriften* III, Frankfurt a.M. 1978, 493–540.

Adorno, Theodor W., *Ästhetische Theorie*, Frankfurt a.M. 1970.

Adorno, Theodor W., »Kulturanthropologie«, in: ders., *Gesammelte Schriften*, Band 20.1, Frankfurt a.M. 1986, 135–139.

Agamben, Giorgio, *Bartleby oder die Kontingenz gefolgt von Die absolute Immanenz*, Berlin 1998.

Albus, Anita, *Die Kunst der Künste. Erinnerungen an die Malerei*, Frankfurt a.M. 1997.

Apollinaire, Guillaume, »Sur la peinture« (1908/1912), in: ders., *Les peintres cubistes* (1913), Paris 1965, 1980, 1993, 53–70.

Arendt, Hannah, *Vita activa oder vom tätigen Leben*, Stuttgart 1960

Ausländer, Rose, »Gib mir«, in: dies., *Sanduhrschritt. Gedichte*, Frankfurt a.M. 1984; 1994.

Atabay, Cyrus, »Worte finden«, in: ders., *Doppelte Wahrheit. Gedichte und Prosa*, Hamburg-Düsseldorf 1969, 109.

Atabay, Cyrus, *Das Auftauchen an einem anderen Ort. Gedichte*, Frankfurt a.M. 1977.

Bach, Johann Sebastian, *Sonaten und Partiten für Violine allein. Wiedergabe der Handschrift*, hg. von Günter Haußwald, Leipzig 1962.

Bach, Johann Sebastian, *Leben und Schaffen. Eigene Aussagen, Berichte der Zeitgenossen, Bekenntnisse der Späteren*, hg. von Willi Reich, Zürich 1957.

Bauer, Curt, *Aesthetik des Lichts*, München-Leipzig 1908.

Beckett, Samuel, *Die Welt und die Hose* (1945), Frankfurt a.M. 1990.

Bense, Max, *Von der Verborgenheit des Geistes*, Berlin 1948.

Bloch, Ernst, »Zerstörung, Rettung des Mythos durch Licht«, in: ders., Gesamtausgabe, Bd. 9: *Literarische Aufsätze*, Frankfurt a.M. 1965, 338–347.

Blumenberg, Hans, Hg., *Nikolaus von Cues, Die Kunst der Vermutung. Auswahl aus den Schriften*, Bremen 1957.

Blumenberg, Hans, *Die Legitimität der Neuzeit*, Frankfurt a.M. 1966; erneuerte Ausgabe Frankfurt a.M. 1988.

Blumenberg, Hans, *Arbeit am Mythos*, Frankfurt a.M. 1979.

Blumenberg, Hans, *Höhlenausgänge*, Frankfurt a.M. 1989.

Blumenberg, Hans, *Beschreibung des Menschen*, Frankfurt a.M. 2006.

Blumenberg, Hans, *Phänomenologische Schriften 1981-1988*, hg. von Nicola Zambon, Berlin 2018.

Blumenberg, Hans, »Ausblick auf eine Theorie der Unbegrifflichkeit«, in: ders., *Schiffbruch mit Zuschauer*, Frankfurt a.M. 1979.

Blumenberg, Hans, *Theorie der Unbegrifflichkeit* (1975), aus dem Nachlass hg. von Anselm Haverkamp, Frankfurt a.M. 2007.

Borges, Jorge Luis, »Das Aleph«, in: *Die unendliche Bibliothek. Erzählungen, Essays, Gedichte*, hg. und mit einem Nachwort von Alberto Manguel, Frankfurt a.M. 2003; 2013, 182–199.

Brams, Koen, *Erfundene Kunst. Eine Enzyklopädie fiktiver Künstler von 1605 bis heute*, Frankfurt a.M. 2003.

Brecht, Bertold, »Betrachtung der Kunst und Kunst der Betrachtung« (1939), in: ders., *Gesammelte Werke*, Bd. 18, Frankfurt a.M. 1967, 272–278.

Butor, Michel, »New Yorks Moscheen oder Die Kunst Mark Rothkos«, in: ders., *Aufsätze zur Malerei*, München 1970, 87–106.

Cassirer, Ernst, *Individuum und Kosmos in der Philosophie der Renaissance* (1927), Darmstadt 1963.

Cues, Nikolaus von, *Gespräch über das Seinkönnen*, hg. von Hans Rupprich, Stuttgart 1963.

Dahlhaus, Carl, *Die Idee der absoluten Musik*, Kassel-München 1978.

Deleuze, Gilles, »Die Fürsprecher« (1986), in: ders., *Unterhandlungen 1972-1990*, Frankfurt a.M. 1993, 175–196.

Deleuze, Gilles, *Francis Bacon – Logik der Sensation* (1984), München 1995.

Deleuze, Gilles, *Schizophrenie und Gesellschaft. Texte und Gespräche von 1975 bis 1995*, Frankfurt a.M. 2005.

Deleuze, Gilles, »Die Malerei entflammt das Schreiben«, in: ders., *Schizophrenie und Gesellschaft. Texte und Gespräche von 1975 bis 1995*, Frankfurt a.M. 2005, 173–178.

Descartes, René, *Le Monde ou Traité de la lumière* (1633), hg. Von G. Matthias Tripp, Weinheim 1989.

Didi-Hubermann, Georges, *Überleben der Glühwürmchen*, München 2012.

Ernst, Max, *Die Schriften*, hg. von Gabriele Wix, Köln 2022.

Fabri, Albrecht, »Der Geist eines Malers sind seine Rots, seine Grüns, seine Blaus« (1948), in: ders., *Der rote Faden. Essays über Kunst und Literatur*, München 1958, 104–107.

Fabri, Albrecht, »Apologie der abstrakten Malerei« (1949), in: ders., *Der rote Faden*, a.a.O., 115–119.

Fabri, Albrecht, »Reden zu Ausstellungseröffnungen: Rolf Sackenheim«, in: ders., *Stücke*, *Spiegelschrift 11*, Köln 1971, 56f.

Fiedler, Conrad, *Schriften über Kunst*, Köln 1977.

Flusser, Vilém, *Ins Universum der technischen Bilder*, Göttingen 1985; 4., durchgesehene Auflage 1992.

Foucault, Michel, *Die Malerei von Manet* (1971), Berlin 1999.

Foucault, Michel, »Die Heterotopien« (1966), in: ders., *Die Heterotopien. Der utopische Körper. Zwei Radiovorträge*, Frankfurt a.M. 2005, 7–22.

Gehlen, Arnold, *Zeit-Bilder. Zur Soziologie und Ästhetik der modernen Malerei*, Bonn 1960.

Gestrich, Helmut, Hg., *Nikolaus von Kues 1401–1464. Leben und Werk im Bild*, Mainz 1993.

Gide, André, *Valéry*, Paul, *Briefwechsel 1890–1942*, Würzburg-Wien 1958.

Goethe, Johann Wolfgang, *Werke*, Weimarer Ausgabe, Weimar 1887–1919; ND München 1987.

Grassi, Ernesto, *Kunst und Mythos*, Hamburg 1957.

Heidegger, Martin, *Sein und Zeit* (1927), Tübingen 1977.

Heidegger, Martin, »Die Zeit des Weltbildes«, in: ders., *Holzwege*, Frankfurt a.M. 1950, 69–104.

Heidegger, Martin, *Die Kunst und der Raum*, St. Gallen 1969.

Heimann, Moritz, »Dr. Wislizenus« (1913), in: ders., *Märkische Novellen*, eingeleitet von Günter de Bruyn, Frankfurt a.M. 1993, 105–154.

Hindemith, Paul, *Johann Sebastian Bach. Ein verpflichtendes Erbe* (1950), Wiesbaden 1954.

Hofmann, Werner, »Beziehungen zwischen Malerei und Musik«, in: ders., *Gegenstimmen. Aufsätze zur Kunst des 20. Jahrhunderts*, Frankfurt a.M. 1979, 82–111.

Hoehme, Gerhard, *Der Kaiserplatzkeller*, Galerie Hennemann, Katalog 10 ½, Bonn 1977.

Huizinga, Johan, *Holländische Kultur des siebzehnten Jahrhunderts. Ihre sozialen Grundlagen und nationale Eigenart*, Schriften des Deutsch-Niederländischen Instituts Köln, Heft 1, Jena 1933.

Imdahl, Max, *Farbe. Kunsttheoretische Reflexionen in Frankreich*, München 1987.

Jonas, Hans, »Adel des Sehens. Eine Untersuchung zur Phänomenologie der Sinne«, in: ders., *Das Prinzip Leben. Ansätze zu einer philosophischen Biologie*, Frankfurt a.M. 1994; 1997, 233–264.

Jonas, Hans, »Homo pictor. Von der Freiheit des Bildens«, in: ders., *Das Prinzip Leben. Ansätze zu einer philosophischen Biologie*, Frankfurt a.M. 1994; 1997, 265–301.

Juliet, Charles, *Entretien avec Pierre Soulages*, Paris 1990.

Kassner, Rudolf, *Das physiognomische Weltbild*, München 1930.

Kaufmann, Harald, »Strukturen im Strukturlosen«, Textbeilage zu: *György Ligeti, Aventures, Atmosphères, Volumina*, Wergo Schallplattenverlag, Baden-Baden 1966.

Kerényi, Karl, *Die Mythologie der Griechen*, Bd. I: *Die Götter- und Menschengeschichten* (1955), München 1966.

Kitaj, R.B., *Erstes Manifest des Diasporismus*, Zürich 1988.

Kluge, Alexander / *Müller*, Heiner, *»Ich schulde der Welt einen Toten«. Gespräche*, Hamburg 1996.

Kofman, Sarah, *Die Kindheit der Kunst. Eine Interpretation der Freudschen Ästhetik* (1985), München 1993.

Kofman, Sarah, *Melancholie der Kunst* (1985), Graz-Wien 1986.

Konersmann, Rolf, Hg., *Kritik des Sehens*, Leipzig 1997; 2. A. 1999.

Kreutz, Heinz, *Farbe ist Wolke und Stein. Über Malerei*, hg. von Bernhard Albers, Aachen 2002.

Kues, Nikolaus von, »Über das Sehen Gottes« (1453), in: *Philosophische und theologische Schriften*, hg. von Eberhard Döring nach der Ausgabe von Anton Scharpf, Freiburg 1862, Wiesbaden 2005, 233–282.

Landsberg, Paul Ludwig, *Die Erfahrung des Todes* (1937), Frankfurt a.M. 1973.

Leibniz, Gottfried Wilhelm, *Die Theodizee*, Philosophische Bibliothek Meiner 71, Hamburg 1968.

Leiris, Michel, »Francis Bacon heute«, in: ders., *Bacon Picasso Masson*, Frankfurt a.M. 1989, 12–26.

Lévi-Strauss, Claude, *Mythologica I: Das Rohe und das Gekochte* (1964), Frankfurt a.M. 1971; 1976.

Lévi-Strauss, Claude, »Aus Anlaß einer Retrospektive«, in: ders., *Strukturale Anthropologie* II (1973), Frankfurt a.M. 1975, 311–316.

Lévi-Strauss, Claude, »Töne und Farben«, in: ders., *Sehen, Hören, Lesen* (1993), Frankfurt a.M. 2004, 119–143.

Lévi-Strauss, Claude, »Mythos und Musik«, in. ders., *Mythos und Bedeutung. Vorträge*, Frankfurt a.M. 1980, 57-67.

Lévi-Strauss, Claude, »Einer jungen Malerin« (1980), in: ders., *Der Blick aus der Ferne* (1983), Supplemente Bd. 3, München 1985, 361–373.

Lévi-Strauss, Claude, »Wie die Mythen sterben«, in: ders., *Strukturale Anthropologie* II (1973), Frankfurt a.M. 1975, 287–301.

Lezama Lima, José, »Interview mit Armando Alvarez Bravo«, in: Mechthild Strausfeld, Hg., *José Lezama Limas ›Paradiso‹*, Frankfurt a.M. 1979, 159–172 [mit Dank an Navid Kermani: *Das Alphabet bis S*].

Liebermann, Max, *Die Phantasie in der Malerei*, Berlin 1916.

Lyotard, Jean-François, *Über Daniel Buren*, Edition Patricia Schwarz/ Galerie Kubinski, Stuttgart 1987.

Lyotard, Jean-François, *Karel Appel: Ein Farbgestus*, Bern-Berlin 1998.

Mallarmé, Stéphane, *Sämtliche Gedichte*, hg. von Lambert Schneider und Peter Bachem, Köln 1957; 1969.

Marx, Harald / *Weber*, Gregor J.M., *Gemäldegalerie Alte Meister Dresden*, München, 2. A. 1994.

Maur, Karin von, Hg., *Vom Klang der Bilder. Die Musik in der Kunst des 20. Jahrhunderts*, München 1986, korrigierte Ausgabe 1994/1996.

Meister, Ernst, *Wandloser Raum. Gedichte*, Darmstadt-Neuwied 1979.

Nancy, Jean-Luc, *Au fond des images*, Paris 2003.

Ovid, *Metamorphosen*, Auswahlausgabe, hg. von Gerhard Fink, Düsseldorf 2003.

Pape, Helmut, *Die Unsichtbarkeit der Welt. Eine visuelle Kritik neuzeitlicher Ontologie*, Frankfurt a.M. 1997.

Paz, Octavio, *Der Bogen und die Leier. Poetologischer Essay* (1956), Frankfurt a.M. 1983.

Pieper, Josef, *Über das Ende der Zeit. Eine geschichtsphilosophische Meditation*, München 1950.

Planck, Max, *Das Wesen des Lichts*, Berlin 1920.

Platschek, Hans, *Bilder als Fragezeichen. Versuche zur modernen Malerei*, München 1962.

Plessner, Helmuth, *Die Stufen des Organischen und der Mensch. Einleitung in die philosophische Anthropologie* (1928), Berlin-New York 1975.

Portmann, Adolf, »Erleuchtung und Erscheinung im Lebendigen« (1956), in: ders., *Aufbruch der Lebensforschung*, Zürich 1965, 33–57.

Rosset, Clément, *Das Reale. Traktat über die Idiotie* (1977), Frankfurt a.M. 1988.

Roth, Gerhard, *Die Hölle ist leer – Die Teufel sind alle hier*. Roman, Frankfurt a.M. 2019.

Rothko, Christopher, *Mark Rothko. From the inside out*, New Haven-London 2015.

Rothko, Mark, *Die Wirklichkeit des Künstlers. Texte zur Malerei*, München 2005, 2. aktualisierte Auflage 2019.

Saura, Antonio, »Raum und Geste«, in: *Blätter und Bilder* 1, Heft 4, 1962, 41–49.

Schischkoff, Georgi, *Erschöpfte Kunst oder Kunstformalismus? Eine anthropologische Studie zur modernen Kunst*, Schlehdorf/Obb. 1952.

Schöne, Wolfgang, *Über das Licht in der Malerei* (1954), 6. A. Berlin 1983.

Schrift und Bild, Katalog der Ausstellung Stedelijk Museum Amsterdam, Kunsthalle Baden-Baden, 1963.

Schulz, Walter, *Ich und Welt. Philosophie der Subjektivität*, Pfullingen 1979.

Selling, Manfred, »Ein neuer Blick auf die Welt – Van Eyck und die Entdeckung der Landschaft«, in: Till-Hoger Borchert, *Jan van Eyck und seine Zeit. Flämische Meister und der Süden*, Stuttgart 2002.

Serres, Michel, *Die fünf Sinne* (1985), Frankfurt a.M. 1993.

Serres, Michel, *Der Hermaphrodit* (1987), Frankfurt a.M. 1989.

Serres, Michel, »Räume und Zeiten«, in: ders., *Hermes* V: *Die Nordwest-Passage* (1980), Berlin 1994, 85–107.

Silvester, David, *Gespräche mit Francis Bacon*, München-Berlin-London-New York 2009.

Simon, Claude, *Der blinde Orion* (1970), Frankfurt a.M. 2008.

Stadler, Arnold, *Mein Leben mit Mark. Unterwegs in der Welt des Malers Mark Tobey*, München 2022.

Steffens, Andreas, »Verschränkung der Traditionen im Virtuosenspiel. Zur Legitimität einer historisierenden Transavantgarde«, in: *zeitmitschrift. Journal für Ästhetik*, Heft 2, Düsseldorf 1986, 191–197.

Steffens, Andreas, *Poetik der Welt*, Hamburg 1995.

Steffens, Andreas, »Okkupation des Erhabenen. Zur Anthropologie des Nationalsozialismus in ästhetischer Perspektive«, in: *Kunst + Unterricht. Zeitschrift für Kunstpädagogik*, Heft 196: Faschismus und Kunst, Oktober 1995, 12–15.

Steffens, Andreas, »Ästhetik als Anthropologie«, in: C. Hubig, H. Poser, Hg., *Cognitio humana – Dynamik des Wissens und der Werte*, XVII. Deutscher Kongreß für Philosophie, Leipzig 1996, Bd. 2, 1276–1283.

Steffens, Andreas, »›Warum gibt es keine Zigaretten beim Gemüsehändler?‹. Motive einer anthropologischen Ästhetik in der neueren französischen Philosophie«, in: *Weimarer Beiträge*, Heft 44, 1998, 104–117.

Steffens, Andreas, »Unorte. Eine Fragmenten-Reihung auf der Suche nach der Kunst in der Diaspora«, in: *BDK-Mitteilungen* 4/1998, 28–29.

Steffens, Andreas, »Wie auf Bestellung. Mit Sarrasine im Arbeitslager«, in: *neue deutsche literatur*, Heft 2/2001.

Steffens, Andreas, »Stumme Dichtung, sprechendes Bild. Malerei und Schrift«, in: ders., BildGedacht und SchriftGemalt, Wuppertal 2010, 47–58.

Steffens, Andreas, *Selbst-Bildung. Die Perspektive der Anthropoästhetik*, Oberhausen 2011.

Steffens, Andreas, »Vom Beginnen; Vom Beginnen II«, in: ders., *Gerade genug: Essays und Miniaturen*, Wuppertal 2010, 163–175

Steffens, Andreas, *Burgund. Eine anthropoästhetische Skizze*, Wuppertal 2010.

Steffens, Andreas, *Auf Umwegen. Nach Hans Blumenberg denken*, Wien 2021.

Steffens, Andreas, »Handgedacht. Die Denkkunst der Zeichnung«, in: ders., *Aufgehoben. Aphorismen*, hg. und mit einem Nachwort von Friedemann Spicker, Würzburg 2021, 101–112.

Steffens, Andreas, *Materien des Denkens. Nach Beuys*, Würzburg 2023.

Steffens, Andreas, *Landgänge: Mensch und Meer*, Wien 2024.

Taubes, Jakob, *Abendländische Eschatologie*, Bern 1947.

Tàpies, Antoni, *Kunst kontra Ästhetik* (1974), St. Gallen 1983.

Uexküll, Jakob von, *Theoretische Biologie* (1920), Frankfurt a.M. 1973.

Valéry, Paul, *Eupalinos oder der Architekt* (1923), dt. von R.M. Rilke (1927), Frankfurt a.M. 1973.

Valéry, Paul, *Leonardo. Drei Essays* (1930), Frankfurt a.M. 1960.

Valéry, Paul, *Über Mallarmé*, Frankfurt a.M. 1992.

Waldberg, Patrick, *Max Ernst* (1975), München 1976.

Waldenfels, Bernhard, »Das Rätsel der Sichtbarkeit. Kunstphänomenologische Betrachtungen im Hinblick auf den Status der modernen Malerei«, in: ders., *Der Stachel des Fremden*, Frankfurt a.M. 1990, 204–224.

Weinrich, Harald, *Knappe Zeit. Kunst und Ökonomie des befristeten Lebens*, München 2004.

Weiss, Peter, »Laokoon oder Über die Grenzen der Sprache« (1965), in: ders., *Rapporte*, Frankfurt/M 1968, S. 170–186.

Weitemeier, Hannah, Hg., *Schwarz*, Düsseldorf 1981.

Wunderlich, Paul, *Bilder über Bilder von Monet*, Vw. Max Bense, Stuttgart 1978.

Ziegler, Leopold, *Apollons letzte Epiphanie*, Leipzig 1937.

Abbildungsverzeichnis

1. *Skriptur* XXXVI, 2023, Kunstharz, Steinmehl, Acrylfarbe, Ölfarbe auf Aluminium, 210 x 160 cm
2. *Wegmarken* IV, 2006, Kunstharz, Steinmehl, Acrylfarbe, Ölfarbe auf Leinwand, 210 x 140 cm
3. *Skriptur* XXXV, 2023, Kunstharz, Steinmehl, Acrylfarbe, Ölfarbe auf Aluminium, 210 x 160 cm
4. *Alcyone und Ceyx*, 2001, Kunstharz, Steinmehl, Ölfarbe auf Leinwand, 2 Teile, 160 x 120 x 3,5 / 50 x 120 cm
5. *Nachklang*, 2002, Kunstharz, Steinmehl, Ölfarbe auf Leinwand, 210 x 140 cm
6. *Verlorene Orte*, 2001, Kunstharz, Steinmehl, Ölfarbe auf Leinwand, 210 x 140 cm
7. *Echo und Narziß*, 2001/2008, Kunstharz, Steinmehl, Pigment, Ölfarbe auf Leinwand, 2 Teile, 180 x 140 x 3,5 cm / 170 x 140 x 6 cm
8. *Heterotopien*, 2009/2010, Kunstharz, Steinmehl, Ölfarbe auf MDF / Zellstoff, Ölfarbe, 90 Tafeln, je 38 x 40 cm, 406 x 454 cm
9. *Utopischer Körper* (Stele) II / III, 2022, Acrylfarbe, Kunststoffsiegel, Ölfarbe auf Holz, 135 x 90 x 6 cm
10. *Broken Flowers*, I–IV, 2015, Kunstharz, Steinmehl, Acrylfarbe, Ölfarbe auf Leinwand, 4 Teile, je 210 x 160 cm
11. *Apparition*, 2015, Kunstharz, Steinmehl, Ölfarbe auf Leinwand, 210 x 160 cm

Nachweise

I Originalbeitrag (2017)

II Originalbeitrag (2017)

III Eine gekürzte Fassung erschien unter dem Titel »Auf Orions Schultern, zwischen Hades und Helios. Frank Hinrichs' mythopoietische Kunst des Malens: Zehn Bemerkungen über das Wesentliche« in: Frank Hinrichs, *metamorph*, Katalog Galerie Schreier & von Metternich fine arts, Düsseldorf 2009

IV Erweiterte Fassung der Rede zur Eröffnung der Ausstellung: Frank Hinrichs, *Engramme*, Kunstverein Duisburg, 27.02.2009

V Erweiterte Fassung der Rede zur Eröffnung der Ausstellung: Frank Hinrichs, *metamorph*, Galerie Schreier & von Metternich fine arts, Düsseldorf, 27.03.2009

VI Erstdruck in: Frank Hinrichs, Andreas Steffens, *Heterotopien*, Klappbroschüre, Privatdruck Düsseldorf 2010

VII Der Text wurde vorgetragen zur Eröffnung der Ausstellung: Frank Hinrichs, *Heterotopien*, Galerie Schreier & von Metternich, Düsseldorf, 10.12.2010

VIII Erstdruck in: Frank Hinrichs, Andreas Steffens, *Broken Flowers*, Privatdruck, hg. von Frank Hinrichs und Lisa Norris Gallery, Düsseldorf-London 2016

IX Originalbeitrag (2016; 2023)

Die Texte wurden 2023 durchgesehen, teilweise überarbeitet und ergänzt. Sie stehen im Verhältnis zueinander wie Variationen auf ein obstinates Thema und dessen Durchführung in verschiedenen Bezügen. Dabei auftretende Wiederholungen blieben ebenso erhalten wie der Redecharakter (III, V, VII). Im Text nicht direkt nachgewiesene Zitate und Bezüge sind im Literaturverzeichnis angegeben.

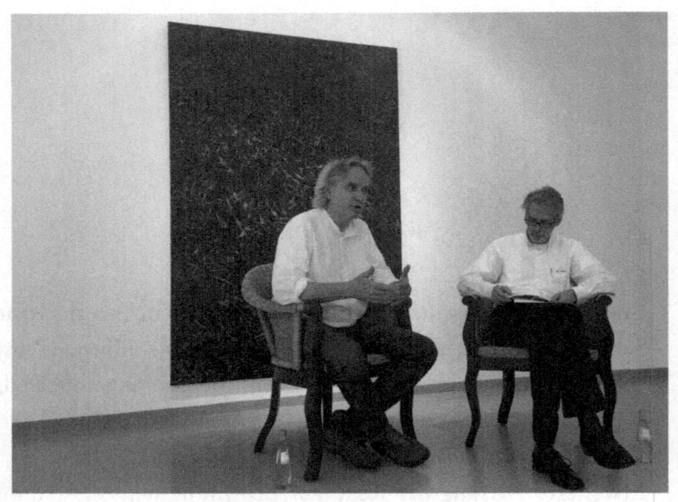

Frank Hinrichs Andreas Steffens
Foto: privat

Frank Hinrichs, 1956 geboren in Mülheim/Ruhr; Absolvent der Kunstakademie Düsseldorf; lebt und arbeitet in Düsseldorf; nach einer längeren Klausur, in der er den Übergang von der Skulptur zur Malerei vollzog, seit 2004 umfangreiche Ausstellungstätigkeit im In- und Ausland (u.a. Große Kunstausstellung NRW, Max-Haus Düsseldorf, Lisa Norris Gallery, London, Galeria Sztuki, Liegnitz, Polen, Catieri Culturali alla Zisa, Palermo). 2020 und 2021 Stipendiat des Landes NRW.

Andreas Steffens, geboren 1957 in Wuppertal; Studium der Geschichte und Philosophie in Düsseldorf und Münster; 1995–2005 Privatdozent für Philosophie an der Universität Kassel (Anthropologie und Ästhetik). Tätigkeit als Galerist (Galerie Epikur, Wuppertal 1980–1995), Kritiker und Kurator (Kulturhauptstadt Ruhr 2010 in Herne). Zahlreiche Vorträge, Essays und Kataloge über Kunst und Künstler in der Perspektive einer anthropologischen Ästhetik (*Poetik der Welt*, 1995; *Selbst-Bildung: Die Perspektive der Anthropoästhetik*, 2010).

Sein jüngster Beitrag dazu erschien 2023 bei Königshausen & Neumann: *Materien des Denkens: Nach Beuys*.